| 전략적 발상으로 미래를 여는 |

창조형 **인간**

| 전략적 발상으로 미래를 여는 |

창조형 **인간**

| **치오 마사루** 지음 | **홍영의** 옮김 |

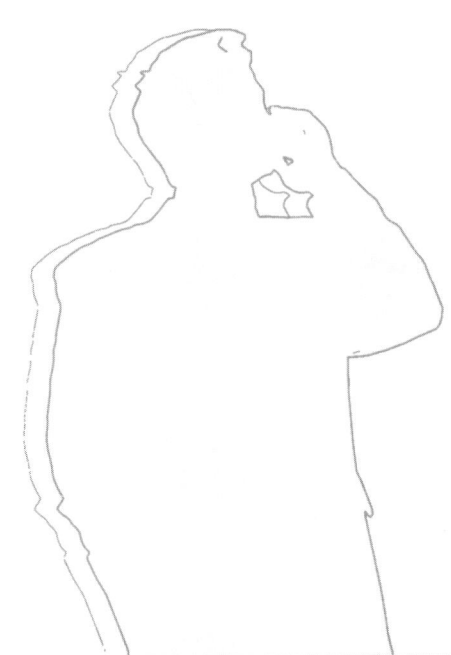

SENRYAKUTEKI HASSO WO MIGAKU HON
by CHIO Masaru
Copyright(c) 2003 CHIO Masaru
All rights reserved.
Originally published in Japan by
JITSUMU KYOIKU SHUPPAN, TOKYO
Korean translation rights arranged with
JITSUMU KYOIKU SHUPPAN, JAPAN
through THE SAKAI AGENCY and UNION AGENCY.

'전략적 발상'으로 미래를 여는

창조형인간

초판 1쇄 인쇄 · 2004년 2월 10일
초판 1쇄 발행 · 2004년 2월 15일

지은이 · 치오 마사루
옮긴이 · 홍영의
펴낸이 · 이종천
펴낸곳 · 오늘

출판등록일 · 1980년 5월 8일 제10-104호
주소 · 서울시 마포구 도화동 340번지
전화 · 02-719-2811(대)   **팩스** · 02-712-7392
홈페이지 · www.oneul.co.kr
E-mail · oneull@netsgo.com
ISBN · 89-355-0411-4 03320

＊잘못 만들어진 책은 구입한 서점에서 교환해 드립니다.

머리말

불확실성의 시대, 확실한 전략과 지침을 어떻게 제시할 것인가.

우수한 사원이 열심히 노력해도 실적이 오르지 않는 것은 기업의 리더가 먼저 확실한 전략을 제시하지 않았기 때문이다. 당면한 과제의 전술적인 면만을 강조하여 일상 업무에만 매달려 있다면 결코 실적을 올릴 수 없을 것이다.

이 책은 '전략'을 수립하기 전에 모든 것을 전략적으로 생각하거나 판단하기 위해서는 무엇을 해야 하는가. 또 전략은 어떻게 세우는 것인가, 전략을 수립하려면 어디에 중점을 두어야 하는가 하는 것을 필자의 체험과 연구를 바탕으로 서술했다.

특히 모든 조직의 리더에게 요구되는 전략적 발상의 포인트—비즈니스의 전략, 행정 정책 입안, 개인 생활 설계에 이르기까지 그 토대가 되는 사고방식과 발상법—를 구체적으로 설명하고자 한다. 이 책은 기업 전략, 신제품 전략, 행정 정책, 도시 전략, 인생 전략

등 갖가지 전략을 수립하고자 하는 사람들에게 '전략은 어떻게 구상하고 어떠한 요소에 중점을 두어야 하는가'를 알기 쉽게 해설해 놓았다.

다만 이 책은 전략 그 자체의 작성법이나 모든 전략 자체를 상세히 논한 것이 아니라 어디까지나 전략적 발상을 하기 위해 필요한 노하우와 발상의 방법을 알려주고자 하는 것이다.

필자는 기업과 대학에 재직하면서 많은 창조형 기업인들이 탁월한 전략적 발상가임을 주목해 왔다. 이 책에서 말하는 전략적 발상법의 대부분은 그들로부터 아이디어를 얻어서 체계화한 것이다. 특히 비즈니스맨들이 전략적 발상법을 가까운 곳에서 쉽게 발견하여 공감할 수 있도록 구체적인 사례를 중심으로 설명하고자 한다.

얼마 전에 신문에서 '거리 재건의 새 전략'이라는 기사를 본 일이 있다. 과거에도 '기업 전략'이나 '판매 전략'이라는 말은 자주 사용했지만 이와 같이 구체적인 사안에까지 '전략'이라는 말을 사용하지는 않았다. 하지만 최근 주위를 자세히 살펴 보면 '병원 경영의 새 전략', '대학 경영의 새 전략', '도시 개발 전략', '국제 교류 전략' 등 실로 광범위하게 '전략'이라는 말을 사용하고 있다는 것을 알 수 있다.

또한 최근에는 기업뿐만 아니라 지방자치단체에서도 간부 연수의 일환으로 전략적 발상법을 받아들이고 있는 곳이 증가하고 있다. 지방 자치가 실시된 이후 중앙부처로부터 지시를 받던 과거와는 달리 지방자치단체의 공무원에게도 독자적인 정책 입안 능력이 요구되게 되었다. 그들도 독자적인 정책을 수립하기 위해 전략적 발상법을 공부하고 정책 입안 능력을 높여야 하는 시대가 된 것이다.

최근 시즈오카현에서는 행정에 전략적인 접근법을 포함한 신형 행정학, 즉 뉴 퍼블릭 매니지먼트(NPM)을 도입하여 전 직원에게 교육시키고 행정을 전략적인 방식으로 전환하고 있다.

지금 왜 전략적 발상이 요구되는가. 오늘날 일본 사회를 급격히 변화시키는 대 변동이 일어나고 있으며 기업, 지역 사회, 개인 생활 등 대부분의 분야에서 전략의 재구축이 필수적으로 요구되고 있기 때문이다. 지금까지 일본인이 쌓아온 우수한 능력은 주로 전술적으로 일하는 방법, 즉 오퍼레이션 능력이었다. 하지만 최근 전술적 업무만으로는 거대한 변화의 조류에 대응할 수 없으며 전략적인 접근으로 모든 분야의 전략을 재수립해야 하는 시대에 접어들었다.

최근 일본을 변화시키는 메가트렌드(Megatrend, 미국의 미래학자 존 네이스비츠의 저서 『메가트랜드』에서 유래한 용어로 현대사회에서 계속 일어나고 있는 거대한 조류를 의미-역주)에는 다음과 같은 것들이 있다.

21세기 일본을 변화하게 하는 메가트렌드와 전략적 발상이 요구되는 환경 변화

① 인구 증가 사회에서 인구 감소 사회로
② 조기 사망 사회에서 장수 사회로
③ 남성 중심 사회에서 남녀 참여 사회로
④ 물자 부족 사회에서 물자 과잉 사회로

⑤ 중앙 집권에서 지방 분권 시대로

⑥ 대경쟁, 대이동 시대

⑦ 환경 문제의 심각화

⑧ 정보화 사회의 도래

⑨ 가치의 다양화

⑩ 기술 혁신의 진전

⑪ 글로벌리즘의 진전

⑫ 보호 규제에서 자율적인 노력과 지원으로

사람들은 뭔가 큰 일 혹은 새로운 일을 계획하고 행동할 때 전략을 생각한다. 또 변혁기에 직면하여 새로운 대응이 필요하고 근본적으로 변화된 행동을 취할 필요가 생기게 되면 '전략'을 입에 담게 된다.

현대는 일대 전환기이자 격동기이며 이른바 '패러다임 전환'의 시대다. 기업 활동, 사회 활동, 정치, 사람들의 생활 태도 등 모든 분야에서 변혁이 요구되고 있으며 변혁의 목표와 방법을 제대로 수립하지 못하면 그로 인해 모든 노력은 수포로 돌아가게 된다.

전략을 정확히 수립하지 않았기 때문에 하지 않아도 될 일을 하여 헛수고가 되었다거나 사업에 실패하는 경우를 종종 보게 된다. '헛된 노력', '헛된 투자'의 기본적인 원인은 전략의 결여와 실수에 있는 것이다.

인생에 성공한 사람은 종종 '노력'과 '운'을 말하지만 그것만으로는 성공할 수 없다. 성공을 위해서는 인생 전략이 필요하고 평소부터 전략적인 발상이 요구된다. 이 책은 이런 인생 전략의 발상법을 여러 가지 각도에서 해설하고자 한다.

시즈오카 산업대학의 연구실에서

치오 마사루

차 례

제1장 | 창조형 인간은 전략적 발상가

01 모든 전략을 세우기 전에 먼저 '발상'이 있다   16

02 전술적 발상으로는 장기적인 전략을 수립할 수 없다   19

03 전술적 발상으로 굳어진 직장에서 볼 수 있는 경향   22

04 전략적 발상은 관리직 업무에 필수적인 요소   25

05 전략적 발상은 창조형 기업가에게 배워라   28

06 공무원도 전략적 발상이 요구되는 시대   32

07 대학 유치에도 전략적 발상이 필요하다   36

08 목적을 잊어버리고 업무에 매진하는 일본인의 특성   40

09 목적과 목표의 추구에서 전략적 발상이 시작된다   44

10 전략의 실수를 전술로 보완할 수 없다   47

제2장 | 창조형 인간의 특성

11 전략적이기 위해서는 새로운 방법과 체계가 필요하다   52

12 창조형 인간의 출발점은 '꿈'을 가지는 것   55

13 낭만이 넘치는 큰 꿈을 그리자   58

14 야심을 갖지 않으면 전략적 발상은 나오지 않는다   62

15 '과장해서 말하는 것'이 꿈을 갖는 계기가 된다   65

16 꿈의 실현에 필수적인 도전 정신   68

17 '독창성'을 추구하라   72

18 최고의 경쟁력은 '차별화'에서 나온다   75

19 독창성을 방해하는 네가지 요인   77

20 전통, 상식, 관습, 굴레에 도전하자   78

제3장 | 창조형 인간의 사고

21 어떤 방향으로 나아가고 어떤 영역에서 활동할 것인가   84

22 미래 기회를 찾아내자   88

23 힘을 발휘하기 쉬운 사업 영역을 선택하는 방법   92

24 기업 성장의 출발점은 사업 영역을 명확히 하는 것   95

25 회사의 존재 이유를 명쾌하게 대답할 수 있는가   97

26 고객이 등을 돌리면 기업은 존재할 수 없다   101

27 시장이나 고객의 동향을 주시하여 행동을 결정하자   103

28 투자의 손익 계산이 전략적 발상을 연마한다   106

29 기획, 개발에는 마켓의 미래 예측이 필수적이다   109

30 전략적 발상에는 '미래 전망'이 있다   112

제4장 | 창조형 인간의 경쟁 전략

31 경쟁 없이 전략은 나오지 않는다   116

32 경쟁 상대가 누군가를 생각한다   119

33 '어제의 친구가 오늘의 적'이 되는 시대   121

34 경쟁 시장, 경쟁 수단을 생각한다   123

35 전쟁에서 적을 쓰러뜨리기 위한 전략적 행동   125

36 상대를 기만하는 '양동작전'으로 우위를 차지하다   128

37 승리를 이끄는 '기습'과 '선제 공격'   131

38 경쟁 상대의 정보를 수집하여 '차별화'한다   134

39 상대의 약점을 찾으면 승기가 보이게 된다   137

40 자신의 강점을 연마하고 최대한 발휘한다   140

41 인구 감소로 지역 간 경쟁, 도시 간 경쟁이 시작된다   142

42 지역 간 경쟁, 도시간 경쟁에서 이기려면   146

제5장 | 창조형 인간의 투자 전략

43 자금을 어떻게 활용할 것인가에 의해 성패가 정해진다 150

44 진짜 부자에게 공통된 돈의 사용법 153

45 미래를 생각하고 장기적인 관점에 서서 투자한다 155

46 자신의 꿈을 실현하기 위해 투자한다 157

47 투자 전략의 열쇠가 되는 리스크 관리와 타이밍 159

48 투자에 따르는 리스크와 리턴의 관계 162

49 투자 전략에 필수적인 ROI에 대한 감각 165

50 하이 리스크, 하이 리턴에 대한 도전 168

51 벤처 비즈니스는 프런티어 정신에서 나온다 170

제6장 | 창조형 인간의 정보 수집법

52 경영 자원 속에서 가장 중요한 '정보' 174

53 '꿈'의 존재가 정보 의식을 높인다 176

54 전략적 행동을 위해 어떤 정보가 필요한가 178

55 기회와 변화 요인에 관한 파악 181

56 장기적인 관점에서 정보를 판단한다 183

57 점점 중요해지는 경쟁 상대의 정보 수집과 분석 185

58 경쟁 상대의 동향을 정확히 파악하는 두 가지 정보 수집법 188

제7장 | 창조형 인간의 시간 전략

59 전략 타깃으로서의 '시간'   192

60 '시간을 산다'는 발상   196

61 의사 결정과 행동의 타이밍을 그르치지 말라   198

62 좋은 타이밍에는 운명적인 요인도 작용한다   200

63 타이밍을 정확히 파악하려면   202

64 경쟁 우위를 차지하기 위한 시간의 활용   204

65 시간의 우위성이 강력한 무기가 된다   206

66 시간은 가장 가치 있는 것에 사용한다   209

67 우선순위에 따라서 시간을 배정한다   211

제8장 | 창조형 인간의 리더십

68 격동기에 우수한 리더가 나타난다   216

69 스스로 변화를 일으켜라   220

70 전략적 발상에서의 '변화'의 추구   222

71 체인지 마스터는 이렇게 행동한다   224

72 리더십을 좌우하는 것은 선견력   227

73 예측 능력이 없으면 전략적 행동은 취할 수 없다   229

74 미래를 예측하기 위한 세 가지 방법   232

75 타인과 다른 것을 추구하는 창조형 리더   234

76 전례가 없는 것에 도전하자   236

77 긍정적인 자세가 변혁의 원동력   238

78 밝은 환경에서 풍족한 발상이 나온다   241

79 리더는 선천적으로 성격이 밝아야 한다   244

제9장 | 창조형 리더의 인재 활용법

80 치열한 경쟁 속에서 중요시되는 인재 활용 전략   248

81 미래는 인구 감소로 일하는 사람이 회사를 고르는 시대   251

82 일하는 사람 입장에서 회사의 매력 만들기   254

83 창조형 기업가는 사람 움직이는 천재   256

84 사람의 마음을 이끌어내는 방법   258

85 리더의 꿈과 낭만이 사람을 움직인다   261

86 신뢰받는 평가에 의거한 능력주의의 도입   264

87 인재 활용에 대한 사내의 실태를 확인한다   267

88 일이나 직장의 개선에서 인재 활용이 시작된다   269

1

창조형 인간은 전략적 발상가

미래의 조직, 개인에게 요구되는 발상의 전환이란?

01 모든 전략을 세우기 전에 먼저 '발상' 이 있다

발상의 방법이 미래를 결정한다

지난 10년 동안 경영 전략, 기업 전략, 연구 개발 전략, 마케팅 전략, 기술 전략, 인사 전략, 재무 전략, 도시 전략 등 '전략 경영' 이라 불리는 기업 활동이 화제가 되었다.

사람들은 "그것은 전략적이다", "우리 회사에는 전략이 결여되어 있다" 혹은 "전략적 발상이 결여되어 있다"는 말을 자주 입에 담고 있다. 그리고 많은 경영자들도 '전략 경영' 의 중요성을 역설하고 있다.

하지만 '전략이란 무엇인가' 하는 질문에 명쾌하게 대답할 수 있는 사람은 그리 많지 않다. 앞으로 '전략이란 무엇인가' 에 대해 여러 가지로 설명해 나가겠지만 전략을 세우기 전에 먼저 전략적 발상이 필요하다는 것을 강조해 둔다.

전략적 발상은 과거의 발상과는 다른 것이다. 비즈니스의 현장이나 개인 생활에서 요구되는 발상의 대부분은 전략적 발상이다. 하지만 극소수의 사람을 제외하고는 전략적 발상을 하지 못하고 서투르기도 하다. 그리고 무엇보다도 그 필요성을 느끼지 못하는

지도 모른다.

'나는 생각한다, 고로 나는 존재한다', '인간은 생각하는 갈대다' 라는 말을 기억하고 있는 사람은 많을 것이다. 전자는 철학자 데카르트, 후자는 파스칼의 말로서 대략적으로 해석하면 인간은 생각한다, 생각하기 때문에 인간이며 생각이 인간의 존재 가치를 만든다는 것이다.

인간은 항상 생각하고 있다. 사람들의 사고방식은 각인각색으로 독자적인 사고를 하는 사람이 있는가 하면 타인의 사고방식 혹은 지시에 따라 생각하는 사람도 있다. 전통적인 사고방식이나 과거의 관념에 묶여 새로운 생각을 할 수 없는 사람이 있는가 하면 고정 관념에 사로잡히지 않고 항상 독특하고 유연한 아이디어를 내는 사람도 있다.

이와 같이 인간은 여러 가지 사고방식을 가지고 있다. 그리고 그 사고방식이 사람의 행동을 결정하고 운명을 좌우하는 것이다. 비즈니스 혹은 교육, 행정, 정치, 개인 생활을 불문하고 모든 분야에서 발상의 방법이 사람들의 일이나 생활에 있어서 행동의 출발점이 되고 미래를 지배하게 되는 것이다.

전략적 발상법의 활용

그러면 어떤 사고방식이 자신의 미래에 가장 가치 있고 효과적인 것인가. 그것이 앞으로 설명해 갈 '전략적 발상법'이다. 전략적 발상법은 발상의 방법이기 때문에 여러 가지 분야에 활용할 수 있다. 비즈니스나 개인 생활은 물론이고 행정이나 교육, 병원, 비영리단체의 활동에도 활용할 수 있는 것이다.

하지만 전략적 발상법을 익힌다고 만사가 해결되는 것은 아니다. 전략적 발상을 실행에 옮기지 않으면 결국 아무 것도 실현되지 않는다는 것을 명심하기 바란다.

또 한 가지 강조하고 싶은 것이 있다. 여기서 '경영 전략', '인사 전략', '도시 전략'이라는 전략 그 자체를 제시하는 것이 아니라는 것이다. 개개인의 구체적 전략은 전략적 발상법을 활용하여 스스로 작성해야 하는 것이다.

전략을 수립하기 위해서는 무엇보다도 먼저 전략적으로 발상하는 것이 필요하며 발상의 방법과 내용이 전략을 지배한다는 것을 명심하기 바란다.

Tip | 창조형 인간이 되기 위한 '전략적 발상' 10가지 포인트

❶ 전략의 실수를 전술로 보완할 수 없다.

❷ 전략이 훌륭해도 전술이 연마되어 있지 않으면 목표는 달성할 수 없다.

❸ 전략에는 대전략과 그것을 구성하는 중전략, 소전략이 있다.

❹ 전략은 조직의 기본적 이념, 존재 이유, 사명을 염두에 두어야 한다.

❺ 전략에 어울리는 조직을 구성하고 인재를 배치한다.

❻ 전략에는 경쟁이 전제가 되며 경쟁 상대의 정보 수집이 요구된다.

❼ 기업의 전략에는 마케팅이 전제된다.

❽ 이길 수 없는 경쟁에는 손을 대지 않는다.

❾ 약자가 강자를 공격하는 경우에는 강자의 약점을 찾아야 한다.

❿ 전략적 업무란 경쟁에 이기고 조직을 미래에도 유지 발전시키려는 업무다.

전술적 발상으로는 장기적인 전략을 수립할 수 없다

전략적 발상과 전술적 발상의 차이

전략적 발상법에 대해서 강의를 하다 보면 '전략적 발상이 있으면 당연히 전술적 발상도 있는 것이 아닌가'라는 질문을 자주 받는다. 물론 맞는 말이다. 그렇다면 전략적 발상과 전술적 발상의 차이는 무엇인가.

우선 전략적 발상을 하는 사람은 목적 지향적으로 목표 달성을 위해서 한 가지에만 사로잡히지 않고 모든 것을 종합적으로 생각한다. 그들은 창조적이기도 하지만 다양한 측면에서 모든 것을 보고 그것들을 종합하여 판단하는 사람들이다. 종합적인 전망에 서서 상황을 파악하고 난 후 장기적인 관점에서 플러스가 되는가 마이너스가 되는가를 생각하는 방식으로 접근한다.

이에 반해 전술적인 발상을 하는 사람은 종합적으로 전망하기 전에 눈 앞의 것에 집착한다. 자신의 눈에 들어오는 것이 중요하고 그에 따른 직접적인 결과가 어떻게 나타날 것인가에 집중한다. 그들은 자신이 한 행위가 주위와 어떤 관계를 갖는가 혹은 장기적으로 보아 어떤 파급 효과를 낳는가 하는 것에는 관심이 없다. 오직 단기적으로 계산할 수 있는 이해 관계에만 강한 집착을 보인다.

전술적 발상으로 일하는 사람의 사고와 행동

전술적 발상을 하는 사람의 사고나 행동에서는 다음과 같은 경향을 볼 수 있다.

성실하고 정확하게 일하는 것이 중요하다 *** 조그만 일도 소홀히 해서는 안 된다. 조그만 일이 쌓이고 쌓여서 커지는 것이며 제방이 무너지는 것은 조그만 구멍에서 흘러나오는 물에서 시작된다.

일은 정확한 과정을 밟아서 진행한다 *** 훌륭하게 일을 처리하기 위해서는 일정한 과정을 밟아야 한다. 창의적인 연구를 통해 과정을 개선, 개량하는 것이 중요하며 그렇게 하기 위해서는 성실한 노력이 필요하다.

땅에 발을 딛지 않고서는 성공할 수 없다 *** 평소부터 일을 정확히 처리하고 있지 않는 사람이 새로운 일을 할 수 있을 리 없다. 일을 잘 처리하려면 오랜 경험이 필요하다.

정확히 일을 평가해 나가는 것이 중요하다 *** 투자에는 그에 상응하는 보장이 필요하다. 따라서 정확한 실행 계획이 필요하며 사람과 예산의 뒷받침이 특히 중요하다.

눈에 보이는 상태를 최선으로 여긴다 *** 건물, 기계, 설비, 제품, 출판물, 서류와 같은 하드웨어로 되어 있는 상태를 선호한다. 항상 '구체적인 형태로 보여 달라'고 요구하며 추상적인 질보다 구체적인 양으로 평가하는 경향이 강하다. 눈에 보이지 않는 것은 평가하지 않는다.

수치화된 것을 중요하게 생각한다 *** 숫자를 과대평가하고 추상적인 가치를 경시한다.

일반적으로 직장에서 매일 일상 업무에 전력투구하고 있는 사람에게서 이런 경향을 많이 볼 수 있다. 그들은 매우 바쁘다는 것에서 만족감을 느끼고 일상 업무에 쫓기면서 일을 처리하는데서 사는 보람을 느끼고 있는 것이다.

일상 업무와 전략의 경합 관계

미국의 전략 경영의 제1인자이며 '전략 경영'의 창안자인 H·앤소프(Ansoff)는 다음과 같이 지적하고 있다.

"일상 업무의 과제에 대한 관심이 전략적인 과제에 대한 관심에게 길을 양보해야 할 때도 일반 기업에서는 그런 상황을 인식하는 속도가 대단히 늦다. 일반적으로 어려운 상황이 발생함에도 불구하고 일상 업무에 대한 관심을 중지하지도 않고 약화시키지도 않는다. 오히려 정반대로 일상 업무에 대한 관심은 더 강해지는 것처럼 보인다."

(3 전술적 발상에 익숙해진 직장에서
볼 수 있는 것들

전술적 발상이 지배하는 업무 패턴

비즈니스맨이 매일 일상 업무에 쫓기면서 눈 앞에 닥친 일만 열심히 처리하고 있다면 거기에는 전술적 발상이 작용하고 있는 것이다. 그리고 전술적인 발상이 작용하고 있는 일은 그 자체가 전술적 업무가 된다.

전술적 업무는 일반적으로 일상 업무, 즉 오퍼레이션이라고 할 수 있다. 평소 직장인들이 성실하게 하는 업무의 대부분은 전술적 업무에 해당한다.

전술적 업무는 대부분 다음과 같은 방식으로 이루어지고 있다.

일이 반복적이다 *** 일정한 주기와 범위 속에서 똑같은 일을 계속 반복한다.

규칙(법률, 조례, 규정 등)에 의거해서만 일을 한다 *** 규칙이 없으면 일을 할 수 없고 하지도 않는다. 항상 전례를 생각한다.

성실하고 정확하게 일을 처리한다 *** 정확하게 일을 처리하는 것이 가장 중요한 것이라고 생각한다.

조금이라도 낯선 일을 하면 불안하다 *** 평소와 '달라진다'는 것이 문제가 되고 변화가 생기지 않도록 한다. 일이 안정적이고 순조롭게 진행되고 있을 때 비로소 안도감이 생긴다.

모든 사람과 똑같이 생각하고 똑같이 행동하기를 바란다 ***
자신이 다른 사람과 똑같이 일하고 있을 때 안심이 된다. 다른 사람과 다르면 같아지도록 하거나 배제한다.

항상 실패를 두려워하고 일을 완벽하게 처리해야 마음이 놓인다
*** 완벽하게 일하기 위해서 비용이나 시간을 아끼지 않으며 쓸데없는 시간과 비용의 지출을 깨닫지 못하고 있는 경우가 많다.

결과보다 그 과정을 중시하는 경우가 많다 *** 결과보다 과정이 중요하다고 생각한다. 사람을 노력과 성실성, 정성 등의 기준으로 평가한다.

범위를 정확히 정해서 한 번 정한 범위를 지킨다 *** 일정한 범위 속에서 이익 추구를 생각하고 문제가 일어나지 않도록 한다. 이익 집단화하여 집단의 이익을 가장 먼저 생각한다.

전문성을 중시하고 전문적으로 파고 들려고 한다 *** 무엇이든 전문화하려 하고 조직을 종적인 관계로 유지하려고 하며 횡적인 의견 제시와 협업을 회피한다.

인간 관계에서는 '괴롭힘', '구박', '시샘' 등이 조직에 만연한다
*** 사람의 평가는 감점주의이며 '약점'을 찌르는 것에 역점을 둔다. '인화(人和)'를 중시하는 인간 관계가 강조되고 집단 지향적이며 리더십은 평등주의, 민주주의형을 선호한다.

전술적인 업무와 발상이 중심이 되어 일하고 있는 직장에는 이와 같은 경향이 나타난다. 지금 자신의 직장은 어떤지, 업무 방식이 전술적으로 되어 있는지 여부를 알고 싶은 사람은 위의 항목을

체크리스트로 점검해 보자.

위의 10가지 항목으로 자기 점검을 해 보고 해당하는 항목이 8개 이상이면 당신은 전술적 업무에 열중하는 오퍼레이션형 인간이다. 주로 공무원이나 권위주의적인 사람에게서는 위와 같은 경향을 많이 발견할 수 있다.

전술적 발상_일상 업무에서 보는 발상	전략적 발상_미래를 생각하는 발상
• 현재에 중점을 둔 사고	• 미래 전망
• 단기적인 관점 (발상의 대상 기간이 짧다)	• 장기적인 관점 (발상의 대상 기간이 길다)
• 부분적, 일시적인 관점	• 종합적, 유기적, 전체적인 관점
• 과정이 중요	• 목적 달성이 중요
• 자기 중심적인 관점	• 경쟁을 생각하는 관점
• 조직 지향 (프로덕트 아웃 지향)	• 마켓 지향
• 약점의 개선, 개량	• 강점의 발견, 활용
• 경영 자원(사람, 자산, 돈, 정보, 시간)의 분산	• 경영 자원(사람, 자산, 돈, 정보, 시간)의 집중
• 부정적인 사고	• 긍정적인 사고
• 눈앞의 이익의 추구	• 종합적, 장기적인 이익의 추구
• 동질의 추구	• 차별의 추구(창조성, 독특함을 추구)
• 리스크를 회피	• 리스크보다 큰이익을 생각한다
• 실패에 대한 두려움	• 성공에 대한 신념
• 변화는 위험 (고정적 사고)	• 변화는 기회 (변화, 유연한 사고)
• 지역적, 한정적 사고	• 세계적, 글로벌, 보더레스(borderless)적 사고
• 정보 의식이 부족함	• 정보 의식이 풍부함
• 경험 중시	• 이론 중시, 시스템화

※ 프로덕트 아웃 (Product-Out) : 기업이 생산, 판매 활동을 할 때 소비자의 수요는 무시하고 생산자 측의 입장을 우선시 하는 사고방식

전략적 발상은 관리직의 업무에서 필수적인 요소

전술적 발상이 만연되기 쉬운 직장

전술적 업무에서는 항상 정해진 일을 정해진 방식대로 처리한다. 따라서 전술적 업무의 핵심은 '유지'와 '보전'이며 이것이 관리라고 믿고 있는 사람들이 많다. 이러한 업무에서도 충족감이나 만족감을 주는 요인들이 있다. 우선 일상 업무를 열심히 하고 난 후에 일을 모두 끝냈다는 만족감을 느낀다. 또 실적을 쉽게 평가할 수 있고 개선과 개량의 여지도 있다.

그러면 어떤 직장과 부문에서 전술적 발상에 빠져들기 쉬운 것일까. 우선 영업, 생산, 경리, 인사 부문처럼 매일 같은 일을 처리하는 곳에서 흔히 볼 수 있다. 또 상사가 섬세하고 정확하게 일을 처리하도록 요구하는 부서에서도 이런 경향을 쉽게 발견할 수 있다.

또 다른 부문으로는 사무처리가 많은 부서나 만성적 잔업이 많은 곳에서도 이러한 경향이 강하다. 이런 직장에서는 일상 업무를 성실하게 처리해야만 자신의 존재 가치를 인정받을 수 있는 것이다.

하지만 경영 기획, 상품 개발, 연구 개발, 홍보 등 기획형 부서에서는 전술적 발상만 해서는 안 된다. 이와 같은 기획형 부서에서는 전략적 발상을 바탕으로 한 특별한 기획력이 요구된다.

전략적 발상이 요구되는 관리직 업무

회사가 발전하기 위해서는 전략의 재구축이 필요하고 각 부서마다 그에 따른 정책 입안이 이루어져야 한다. 따라서 부서별로 독자적인 정책 입안 능력이 필요하며 전략적 업무 패턴을 익혀야 한다. 하지만 대부분의 사람들은 이것을 깨닫고 있으면서도 전술적 발상과 행동에서 탈피하지 못한다.

특히 기획력이 요구되는 관리직 부장이나 과장에게 "당신이 하고 있는 일 중에 몇 퍼센트 정도가 전술적 발상을 바탕으로 한 것입니까?" 하고 질문하면 거의 모든 사람이 "90퍼센트는 전술적인 것입니다"라고 대답한다.

임원들 중에서도 80퍼센트 이상의 사람이 역시 같은 대답을 하고 사람에 따라서는 "유감이지만 전략적 발상 같은 것은 해 본 적이 없습니다"라고 솔직히 고백한다. 공무원이나 비영리 단체의 직원들도 마찬가지다.

앞으로는 단지 현상 유지와 관리에만 몰두해서는 급변하는 경

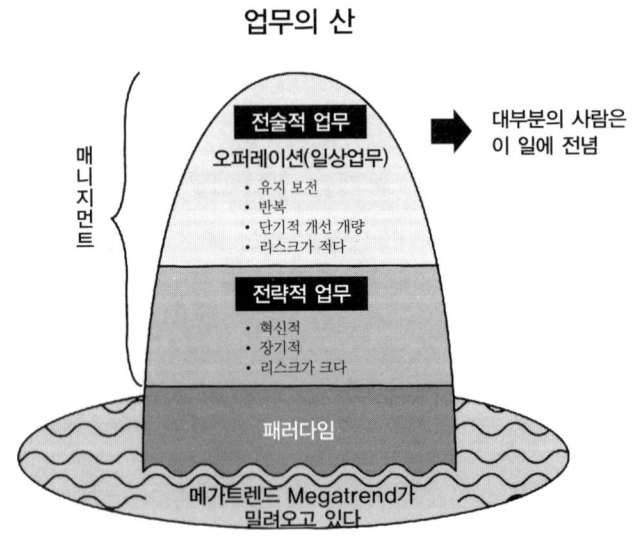

업무의 산

영 환경에 적응할 수 없다. 비즈니스맨은 전략적 발상을 바탕으로 여러 가지 전략을 수립하고 제안할 수 있어야 한다. 특히 경영진에서는 전략적 발상이 필수적으로 요구된다. 미래에 최고경영자가 될 수 있는가 여부는 전략적 발상을 할 수 있는가, 없는가에 따라서 크게 좌우될 것이다.

최근 영업 실적이 부진하거나 파산하는 회사들 대부분은 경영자의 전략 수립 능력이 결여되어 있거나 전략 수립을 제대로 하지 못한 데서 그 원인을 찾을 수 있다. 전략을 제대로 수립하지 못한 회사는 직원들이 아무리 열심히 일한다 해도 결국 쓰러질 수밖에 없다. 경제적 가치를 만들지 못하는 상품을 계속 공급하는 회사는 결국 시장에서 도태될 수밖에 없다. 따라서 경영자가 경영 전략 수립보다 일상 업무에만 매달려 있어서는 기업의 미래를 보장할 수 없다.

 전략적 발상은 창조형 기업가에게 배워라

기업가 정신과 전략적 발상

고금의 명장이라고 일컬어지는 장군들 중에는 남에게 교육 받지 않고서도 마치 천부적인 재능이 있는 것 같은 탁월한 전략가들을 많이 볼 수 있다. 하지만 전략이 전쟁을 지휘하는 장군들의 전유물은 아니다. 전략은 전쟁에서만 활용되는 것이 아니라 경제 활동이나 정치에도 활용되고 있으며 역사적으로 보면 경제인이나 정치가들 중에서도 훌륭한 전략가들을 많이 발견할 수 있다.

최근 경제계에서는 기업가(창업자)론이 크게 부각되고 있다. 비즈니스를 기획하고 목표를 달성하려는 도전 정신이 풍부한 사람들, 그들이 진정한 기업가라고 할 수 있다. 기업가 정신이 풍부한 사람은 전략적 발상을 하는 대표적인 인물이기도 하다. 특히 창조형 기업가는 탁월한 전략적 발상가이기도 하다.

과거에는 정치인들 중에도 전략적 발상가들을 많이 볼 수 있었지만 최근에는 뜻이나 꿈을 전면에 내걸고 국가 전략을 생각하는 사람들이 극히 드물다. 정략적 논쟁만 일삼는 정치인이나 자리지키기에 급급한 전문 경영인, 무사안일한 공무원들에게서는 전략적 발상가의 면모를 찾아 볼 수 없다.

창조형 기업가에게 공통되는 2대 특성

창조형 기업가들은 모두 흥미로운 공통점을 가지고 있다. 특히 중소기업의 경영자로 회사를 창업하여 성공한 창조형 기업가들 중에는 그런 특성을 가지고 있는 사람이 대단히 많다.

그러면 창조형 기업가에게서 공통적으로 볼 수 있는 특징에는 어떤 것들이 있는가.

첫째는 자신의 '꿈' 이 있다는 것이다. 그들에게는 자신이 실현하고 싶은 구체적인 꿈과 야망이 있다. 그들은 자신의 인생에서 무엇을 하고 싶은가, 무엇을 주고 싶은가, 자신의 꿈을 어떤 사고 방식과 철학을 가지고 실현하고자 하는가를 확실하게 가지고 있는 사람들이다. 다시 말하면 인생의 목표와 목적이 구체적이다. 그들의 '꿈' 은 야심이라는 말로 바꿀 수도 있다. 그들 중에는 '야심' 을 입에 담지 않고 마음속에 간직하고서 그 실현의 기회를 노리고 있는 사람들도 많다.

전략적 발상에서 무엇보다 중요한 것은 구체적인 '꿈' 을 가지는 것이다. 꿈이 없이는 전략적 발상은 할 수 없다고 해도 과언이 아니다.

둘째는 셀프 스타터(Self-Starter)형의 인간이라는 것이다. 그들은 스스로 자신의 엔진을 켜고 활동하는 사람이다. 그들은 누구의 말을 듣거나 지시를 받아 움직이는 '지시 대기형 인간' 이 아니다. 남의 지시 없이 스스로 움직이고 행동하는 '자기 시동형 인간' 이다. 이런 유형의 사람을 행동파라고 부르기도 하지만 그 행동의 목적이 주로 자신을 위해서라는 것이 셀프 스타터형 인간의 특징이라 할 수 있을 것이다.

그들은 자신의 생각으로 한 방향을 향해 스스로 걷기 시작하거나 정보를 찾아서 움직인다. 또 그들은 예민한 방향 감각을 가지고 행동하는 경우가 많으며 자신의 예민한 감각을 이용하여 자신이 찾고 있는 것을 손에 넣기 위해 신속한 행동에 나선다.

창조적 기업가의 근원에 있는 것은 전술한 바와 같이 '꿈' 이다. 자신이 달성하고 싶은 구체적인 '꿈' 이 행동의 추진력이 된다. 그들의 꿈은 평화롭고 즐거운 인생을 보내고 싶다는 식의 추상적인 것이 아니라 확고하고 구체적인 '꿈' 이다. 사람은 자신이 추구하는 구체적인 꿈이 있을 때 큰 행동에 나서는 것이다.

창조형 기업가의 행동은 대부분 목적의식이 강하다. 그들은 목적을 달성하기 위해 행동하고 있는 것이며 막연히 그저 되는대로 움직이고 있는 것이 아니다. 또 그들의 행동은 효율성을 추구한다.

즉 어느 방향으로 가는 것이 올바른가, 경쟁력은 있는가, 타이밍은 적절한가, 변화를 예측할 수 있는가를 전망하는 것이다.

이와 같은 창조형 기업가의 전형적인 인물이라면 혼다 소이치로일 것이다. 그는 자신의 꿈을 실현하기 위해 혼신의 힘을 다하여 혼다 자동차를 개발했고 혼다를 세계 유수의 자동차 회사로 성장시켰다.

창조형 기업가들 중에는 탁월한 전략적 발상가가 많다. 그들의 특성을 잘 살펴보고 스스로 기업가의 입장에서 생각하고 행동한다면 여러분도 전략적 발상을 할 수 있을 것이다.

창조형 기업가의 특성

❶ 자신의 꿈과 목표의 설정이
구체적

❷ 셀프 스타터형 인간

❸ 이노베이티브(혁신적),
독창적이고 전통을 무시

❹ 오거나이저(organizer)로
경영 자원의 활용을 잘함

❺ 인간관계가 좋고 감수성이 풍부함

❻ 적극적, 낙관적

❼ 정보력이 뛰어나고
시장, 고객 지향

❽ 전망, 사시형

❾ 합리주의적 이상주의자

❿ 자기규제, 감정억제형

6 공무원도 전략적 발상이 요구되는 시대

공무원에게 요구되는 전략적 발상

매일 전술적 발상으로 일하고 있는 직장 중의 하나는 행정 기관, 즉 관공서일 것이다. 하지만 오늘날 관공서라 할지라도 전술적 업무만으로는 행정을 규모 있게 처리해 나갈 수 없는 시대다. 최근 지역간, 도시간 경쟁으로 인해 원하지 않아도 전략적 업무 패턴을 따를 수밖에 없다. 그래서 전술적인 행정업무 외에 전략적인 관점에서 행정을 펼치는 것이 필요해졌다.

예를 들면 시즈오카현에서는 전략 행정을 펼쳐가기 위해 새로운 행정 매니지먼트 방식, 즉 뉴 퍼블릭 매니지먼트(NPM)를 도입하여 행정 효율을 높이려 하고 있다. 그래서 현청의 신임 과장을 대상으로 전략적 발상을 습득하는 연수를 이틀간에 걸쳐 실시하고 있으며 최근에는 전략적 발상법을 이수시키는 제도도 준비하고 있다. 특히 현청의 연수 부서가 앞장서서 시, 읍, 면의 기획담당 부장과 과장에게도 연수를 받도록 장려하고 있다. 이와 같은 연수 프로그램을 도쿠시마현, 야마나시현, 시마네현, 후쿠오카시에서도 실시하고 있다.

시, 읍, 면 중에서도 전략적인 행정을 위해 연수 프로그램을 더욱 심화시켜 시 전략에 활용하고 있는 곳도 있다. 예를 들면 미에현의 요카이치시에서는 필자와 시즈오카 현립 대학 키타오오지 교수가 마련한 '요카이치 방식(가칭)'이라는 연수 프로그램을 실시하고 있다. 이 연수 프로그램에서는 직원들에게 전략적 발상법을 활용한 시 발전 전략을 수립하고 그 성과를 리포트로 정리하여 발표하도록 하고 있다. 그 리포트를 시청의 간부가 심사하고 승진 시의 평가 항목의 하나로 채택하고 있다. 요카이치 방식의 목적은 시 발전과 함께 전략적 발상을 할 수 있는 직원을 우선적으로 등용해 나가는데 있다고 한다.

자립이 촉구되는 지방 자치단체

그러면 행정 기관이 전략적 발상의 중요성을 인식하게 된 계기는 무엇인가. 그것은 앞에서도 언급한 '지역 간 경쟁'이나 '도시 간 경쟁'에서 비롯되었다. '지방 시대'가 열리고 지방의 행정 기관은 스스로 자신의 미래를 개척할 필요가 생기게 되었다. 과거와 같이 정해진 일을 정확히 일을 처리하고 관리해 나가면 된다는 사고방식으로는 행정을 제대로 펼쳐갈 수 없게 된 것이다.

이제는 중앙 정부의 지시에 따라 행정을 펼쳐가는 것이 아니라 독자적인 방식으로 자신들의 시, 읍, 면 혹은 지역에 대해 장기적인 계획을 수립하고 실행에 옮기는 정책 입안의 능력이 필요하게 된 것이다.

'고향 만들기 기금'이라 일컫는 교부금 제도(시, 읍, 면에 사용처를 지정하지 않고 1억 엔을 교부하는 제도)도 큰 계기가 되었다. 당시 중앙 정부에서 마음대로 1억 엔을 사용해도 좋다고 하자 대부분의 시, 읍, 면은 어찌해야 할지 갈피를 잡지 못했다. 그 돈을 어디에 사용하면 좋을지 난감했던 것이다. 금괴를 산 면이 있는가 하면(최근 재정난으로 그 금괴를 환금한 자치단체가 출현했다) 문화회관 건설의 비용에 충당한 곳도 있다. 어쨌든 모든 시, 읍, 면이

제각기 지혜를 짜내 다양한 사업을 했고 이것이 발상의 중요성을 가르치는 계기가 되었다.

다른 한편 '면 부흥', '읍 부흥' 운동도 계기가 되었다. 또 인구 감소도 큰 계기가 되었다. 인구 감소는 이제 산간 벽지뿐만 아니라 도시에도 일어나고 있는 것이다.

지방에 가면 인구가 정체하는 도시와 감소하기 시작한 도시가 두드러진다. 지방뿐만 아니라 도쿄의 23구에도 그런 곳이 출현하고 있다. 인구는 지역사회를 구성하는 최대의 기반이다. 인구가 감소하면 도시는 어떻게 될 것인가. 도쿄도 특별구의 간부 직원도 이러한 문제를 해결하기 위해 수년 동안 전략적 발상법의 연수를 받아 왔다.

그들이 연습에 사용하는 테마는 자신들의 구 전략 세우기와 그 달성 플랜이다. 답답한 말만하고 있는 것처럼 여겨지는 공무원이 뜻밖의 발상을 전개하고 새로운 도시 만들기를 제안한 것이다. 최근 새로운 도시 만들기를 위한 아이디어를 각 구에서 제안하고 있다. 그중에는 전략적 발상을 바탕으로 하고 있는 곳도 있다.

공무원들이 전략적 발상의 중요성을 깨닫기 시작했다는 것은 매우 고무적인 현상이다. 앞으로는 눈 앞에 닥친 문제만을 해결하는 방식으로는 훌륭한 공무원이 될 수 없으며 면 부흥, 읍 부흥, 매력 있는 도시 만들기도 할 수 없다는 것을 깨닫게 된 것이다.

자민당 일당 지배 시대가 끝나고 지방 분권을 추진하는 연립 정권이 들어선 후 고이즈미 정권은 지방 분권을 추진하는 것뿐만 아니라 시, 읍, 면 합병을 추진하여 지방의 행정 구조를 혁신하는 새로운 도시의 탄생을 지향하고 있다. 앞으로 지방 행정 기관에서는 전략을 수립할 수 있는 인재가 절실히 필요하게 될 것이다.

리서치 트라이앵글의 성공

미국의 노스캐롤라이나주의 라레 부근에 리서치 트라이앵글(연구의 삼각지대)라 불리는 연구단지가 있다. 노스캐롤라이나 대학, 듀크 대학, 노스캐롤라이나 주립 대학 등 3개 대학이 삼각형을 형성하여 그 삼각형 속에 연구단지를 형성하고 있다.

40년 전 당시 주지사가 노스캐롤라이나주의 발전 전략으로 이 트라이앵글을 구상했다. 그로 인해 현재 노스캐롤라이나주는 미국에서 실업률, 범죄 발생률이 낮고 성장률이 높은 지방이 되었고 IBM, 노텔 네트웍스, 시스코 등 하이테크 산업이 다수 진출해 있다. 리서치 트라이앵글은 지방의 행정 관료가 전략적으로 발상하여 오늘의 번영을 가져오게 한 전형이다.

대학의 유치에도 전략적 발상이 필요하다

지방 도시의 대학 유치 붐

최근 지방 도시에서는 도시의 활성화를 위해 여러 가지 프로젝트를 추진하고 있다. 그중에서 인기 있는 프로젝트가 대학의 유치다.

대부분의 지방 도시에서는 젊은 사람들이 다른 지방으로 유출되지 않게 하거나 다른 지방에서 젊은 사람들이 유입되도록 하기 위해서 대학을 유치하고 설립하는 데 주력한다. 오늘날 18세 인구는 정점에 달했고 대학 진학자는 계속 감소되고 있다. 지방 대학 중에는 이미 폐쇄하거나 통합하는 곳도 나오고 있으며 '대학에 겨울이 왔다'고도 말한다. 하지만 전문대학이 4년제 대학으로 전환하거나 신학대학과 신학과의 증설이 진행되고 있기도 하다.

또 일본 대학뿐만 아니라 외국 대학도 지속적으로 유치하고 있다. 유치한 외국의 대학 중 일부는 경영 부진으로 일본에서 철수할 것을 고려하고 있거나 이미 폐쇄된 대학도 있지만 경쟁력있는 대학을 외국으로부터 유치하려고 하는 노력은 계속되고 있다.

각 지방자치단체들도 대학의 유치를 위해 직, 간접적으로 여러 가지 지원을 하고 있다. 다시 말하면 세금이나 기부금 등으로 대학에 여러 가지 지원을 하고 있는 것이다. 따라서 세금을 낸 그 지방 사람들은 지원금이 유용하게 사용되기를 바라고 그 효과에 주목한다.

하지만 자칫하면 대학이 가져다주는 직접적이고 단기적인 효과

에만 관심을 가지고 역효과를 낼 수 있는 요구들을 하는 경우도
있다.

예를 들면 다음과 같은 요구들이다.

- 그 지방 출신의 학생이 몇 명 정도 그 대학에 입학하고 있는
가. 그 지방 출신 학생을 많이 입학시켜 주었으면 좋겠다. 많
으면 많을수록 좋다.
- 그 지방 출신의 대학교수는 얼마나 되는가. 그 지방 출신의
교수들을 많이 채용해 주었으면 좋겠다. 대학 사무 직원은 모
두 그 지방 출신자를 채용해 주었으면 좋겠다.
- 졸업생들이 그 지방 기업에 몇 명이나 취업하는가. 많은 졸업
생들이 그 지방 기업에서 일할 수 있도록 해 주었으면 좋겠
다.

수치화 할 수 없는 장기적 효과를 헤아린다

이런 사람들에게 "다른 지역에서 와 있는 학생은 ○○퍼센트입
니다", "졸업하면 취직하는 회사는 도쿄, 오사카, 나고야의 대기
업이나 중견 기업입니다"라는 설명을 하면 "세금이나 기부금으로
거액의 지원을 하고 있는데 그래서는 안 된다. 개선해 달라"고 요
구한다.

하지만 보다 장기적인 효과에 주목해야 한다.

- 학생 3,000명 중 1,500명은 다른 지역에서 온 사람이지만 그
사람들은 그들의 집에서 보내 오는 매월 평균 10만 엔이라는
생활비나 학비를 이 지역에서 소비하고 있다. 그 금액은 합계
하면 1억 5,000만 엔이 되고 연간 최저 12억~13억 엔이 된

다. 대학생들의 소비가 가져오는 누적 파급 효과는 상당한 액수가 된다.

• 대학교수나 사무 직원 200여명이 이 지역에서 지출하는 금액은 최저 월 20만 엔이 되고 연간 약 4억~5억 엔이 된다.

• 다른 지역에서 대학을 방문하는 사람은 월간 약 300명이다. 일인당 2,000엔은 학교 부근에서 사용한다.

• 대학생들이 아르바이트를 하게 되고 서비스 산업이 활성화한다. 대학생이 서비스 산업에서 버는 금액은 월 5만 엔이다. 아르바이트 종사자를 300여명으로 계산하면 서비스 산업에 대한 공헌도는 상당한 것이 된다.

• 대학이 구입, 소비하는 물건이나 서비스는 지역 경제의 자극이 된다.

• 대학교수들이 지역 활동에 참가하거나 심포지엄, 간담회에 참석함으로써 지역 사회에 지적인 자극이 주어진다. 저명한 교수의 발언을 매스컴에서 다루어 이 지역이 전국적으로 주목 받게 되고 PR 효과를 얻는다.

• 대학 주변의 토지 값이 올라가고 지역 주민의 자산 가치가 상승한다. 고정 자산의 평가가 상승하고 세금이 많이 징수된다. 학생들과 새로운 주민을 상대하는 상점, 레스토랑 등 서비스 업이 진출하게 된다.

이밖에도 대학 설립으로 생기는 눈에 보이지 않는 커다란 효과는 많이 있다. 첫째로 인구가 한꺼번에 3,000명이나 증가하고 지역의 인구 감소에 브레이크가 걸리며 젊은층이 증가하는데 크게 공헌하게 된다.

하지만 그 지역 대학의 평가가 떨어지면 학력 수준이나 의욕이 낮은 학생이 모이거나 학생들이 지원하지 않는다. 대학의 경영은 악화되어 '위험한 대학' 이 된다. 그리고 학력 수준이 높은 그 지방의 학생들은 도쿄, 오사카, 나고야 등의 일류 대학으로 가게 되고 학부형은 땀흘려 번 돈을 자녀들이 사는 대도시로 송금하는 역현상도 일어난다.

앞에서 설명한 여러가지 현상 중에서 전술적인 발상을 하는 사람은 눈앞의 이익에 먼저 주목한다. 하지만 전략적 발상을 하는 사람은 보다 높은 차원에서 주변에 파급되는 눈에 보이지 않는 효과와 장기적인 효과까지도 중시한다.

수치화 할 수 있는 효과는 누구나 읽을 수 있다. 전략적 발상에서는 수치화 할 수 없고 보이지 않는 효과의 이해까지도 요구되는 것이다. 전술한 노스캐롤라이나주의 리서치 트라이앵글은 그 좋은 예다. 지금도 리서치 트라이앵글에서는 연구 기관이나 하이테크 산업의 유치가 활발하게 이루어지고 있다.

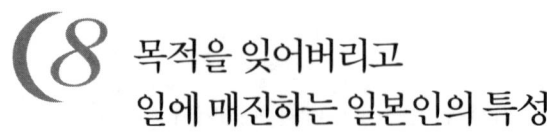

08 목적을 잊어버리고
일에 매진하는 일본인의 특성

무엇을 실현하고자 하는가

얼마전 경제계 리더들이 모여 국제 교류를 위한 프로젝트를 놓고 여러 가지 논의를 했다. 그 모임에서 명칭, 참가인원, 장소, 예산, 일정 등 프로젝트의 진행에 필요한 항목이 여러 가지 각도에서 검토되었다.

그 모임에서는 대단히 진지한 논의가 이루어지며 많은 아이디어가 잇따라 나왔고 누구나 '국제 교류를 위한 훌륭한 프로젝트가 완성되는구나' 라는 생각을 가지게 되었다. 필자도 '과연 재계의 리더들의 발언에는 훌륭한 면이 있다' 고 감탄했다.

이 모임에는 외국계 기업의 리더나 외국인 학자도 참석했고 열심히 그 논의를 듣고 있었다. 그러다가 외국인 한 사람이 갑자기 이렇게 말했다.

"여러분의 아이디어나 실행 계획에 대해서는 탄복했습니다. 그래서 여러분에게 묻고 싶습니다. 이 국제 교류 프로젝트에서 무엇을 달성하려고 합니까. 그리고 이 프로젝트의 목표는 무엇입니까. 또 이 프로젝트의 실시는 일시적인 것입니까. 아니면 계속하는 것입니까. 그런 논의를 할 필요가 있다고 생각합니다."

그러자 그때까지 활기차게 진행되고 있던 논의가 한순간 물 끼없은 듯이 조용해졌다. 국제 교류라는 주제는 있었다. 하지만 그 주제는 막연하고 매우 애매한 것이었다. 그래서 주제에 어울리는 하나의 프로젝트가 제안된 것이다. 그런데 어느 새 프로젝트만이 혼자 길을 걷기 시작했다.

그 모임에서 대부분의 사람들은 프로젝트를 어떻게 진행할 것인가 하는 것, 즉 프로젝트를 실현시키는 것에만 아이디어를 집중하고 있었다. 그러다가 한 외국인이 프로젝트의 목적과 목표, 시기와 방법의 문제를 지적하자 갑자기 중요한 사안들을 잊고 있었다는 것을 깨달았다. 그 모임에 참석한 경제계 리더들은 국제 교류에서 무엇을 실현하고자 하는가, 또 무엇을 실현했는지 여부를 어떻게 검토하는가에 대해서는 생각하고 있지 않았다. 그들은 프로젝트가 스케줄대로, 원래 계획한 대로 진행되어 종료하는 것만 중요했던 것이다. 프로젝트를 잘 끝내는 것 이외에는 관심이 없었다고 해도 과언이 아니다.

오퍼레이션에는 터무니없이 강한 일본인

이런 일들은 우리 주위에서 자주 발생하는 문제다. '지방 시대'를 맞아 여러 도시에서 대형 프로젝트를 계획하고 있다. 예를 들어 문화회관이나 박물관을 짓는데 '무엇 때문에 짓는가'라는 생각은 하지 않고 건물의 완성에만 열중하는 것도 그 한 예다.

일본인은 주어진 일을 잘 끝내는 것에만 주력하고 어떤 목적으로, 무엇을 달성하려고 하는가를 생각하지 않고 무조건 매달리는 경향이 있다. 다시 말하면 일본인은 일반적으로 오퍼레이션에 터무니없이 강한 것이다.

하지만 일본인은 오퍼레이션에 강하기 때문에 전후의 경제 발전을 이룩할 수 있었다. 그리고 올림픽과 월드컵도 잘 운영하여 전 세계 사람들의 이목을 집중시켰다. 외국인들은 여러 가지 국제적 이벤트(학회, 심포지엄, 스포츠 경기 등)가 개최되면 입을 모아 일본인의 이벤트 운영 능력을 칭찬한다. 스케줄대로 시작하고 스케줄대로 종료하고 모든 일을 순조롭게 운영한다.

그러나 대부분의 경우 이벤트가 끝나고 나서 '무엇을 달성하려고 했던 것인가', '목적했던 대로 성과를 올렸는가' 하고 물으면 명쾌한 대답을 할 수 없는 것이다. 그리고 '아무튼 진행하는데 의미가 있다' 라는 애매한 설명으로 얼버무리고 만다.

이런 발상이 '전술적 발상' 이며 여기에는 위험이 뒤따른다. 하지 않아도 될 일을 했던가, 다른 것을 하는 것이 더 좋았다고 뒤늦은 후회를 하게 될 수 있는 것이다.

그러면 이런 위험을 회피하려면 어떻게 하면 될 것인가. 먼저 최초의 단계에서 목적과 목표를 시간을 가지고 충분히 생각해 보는 것이다.

'무엇을 하고자 하는가' 라는 목적 의식은 나중에 설명할 창조성과도 밀접한 관계가 있다. 즉 무엇을 목적으로 하는가를 생각해 보면 그 방법보다 '더 좋은 방법이 있는 것은 아닐까' 하는 생각을 하게 되고 여러 가지 선택이 생기게 된다. 여기서 창조적인 사고가 나오는 것이다.

'통찰력'에 대해서

전쟁론'의 저자 클라우제비츠(Clausewitz)는 프러시아의 군사 전문가이자 전략가로서 유명하며 또한 '통찰력'이 뛰어났다.

"통찰력이란 무엇인가. 그것은 전술적이 아니라 전략적으로 생각하는 것이다. 단기적으로가 아니라 장기적으로 생각하는 것이다. 적과 만났을 때 어떻게 싸울 것인가를 생각하는(전술) 것이 아니라 어떤 적과 싸우려 하고 있는가를 생각하는 것이 중요하다. 그 당시 그것을 인식하고 있는 사람은 클라우제비츠뿐이었다."

– 타나카 코오이치 감수 「세미나 마케팅 이론」에서

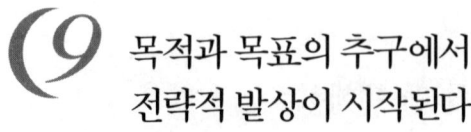

목적과 목표의 추구에서 전략적 발상이 시작된다

목적과 목표를 정하면 여러 가지 아이디어가 나온다

전략적 발상에서는 목적과 대상, 달성해야 할 목표를 먼저 생각하는 것이 중요하다. 그리고 전략적 발상은 목적이나 달성 목표를 철저하게 검토해 보는 것으로부터 시작해야 한다.

목적과 목표를 검토하다 보면 목표를 달성하기 위한 접근 방법은 여러 가지가 있다는 것을 깨닫게 될 것이다. 방법이 하나밖에 없는 경우는 거의 없고 대부분 여러 가지 선택이 존재한다.

일반적으로 말해서 전술적인 발상이 몸에 배어 있는 사람은 방법이 하나밖에 없다고 생각하기 쉽다. 그러나 이 방법밖에 없다고 생각하고 있는 것은 단순한 믿음에 불과하거나 일정한 사고의 틀에 갇혀 있기 때문에 더 좋은 방법이 있다는 생각을 하지 못하는 것이다.

전략적 발상을 하기 위해서는 목적이 무엇인가, 무엇을 달성하고 싶은가를 명확히 설정하고 나서 여러 가지 계획을 이것저것 그려본다. 그리고 그것을 자신의 능력과 환경, 타이밍을 고려할 때 어떤 것이 가장 좋은 방법인가를 차분히 생각한다.

여러 가지 목표 달성 계획을 수립할 때 필수적인 요소가 정보와 지식, 지혜다. 정보와 지식, 지혜가 없으면 다양한 아이디어는 나오지 않는다. 전략적 발상은 정보로 시작하여 정보로 끝난다고 해도 과언이 아니다. 그리고 정보와 지식, 지혜를 통하여 최종적으

로 아이디어를 낳게 하는 것이 바로 창조력이다.

이런 과정을 거치면서 처음에 생각한 계획과는 전혀 다른 방법이 목적을 달성하는데 보다 효과적이라는 결론에 도달하게 되는 경우가 많다.

'전략적인 의사결정'이란 바로 여러 가지 목표 달성 계획에서 가장 적합한 것을 선택하는 행위다. 의사 결정에서는 YES냐 NO냐 둘 중의 하나를 선택해야 하는 결단을 요구하게 된다. 전략적인 의사 결정에서는 여러 가지 목표 달성 계획에서 하나를 선택하는 것이 중요하다.

선택할만한 가치가 있는 여러 가지 대안을 생각해 내기 위해서는 우선 목적과 대상, 성취하고자 하는 목표를 처음에 충분히 생각하고 그것을 판단의 근거로 해야 하는 것이다.

프로젝트 성공에 필수적인 것

프로젝트를 진행하기로 결정을 내렸을 때 가장 먼저 해야 하는 것이 전략적 발상을 통해 프로젝트의 목적이 무엇인가를 확인하는 것이다.

예를 들면 한 기업에서 해외 공장 설립이 프로젝트로 제안될 때 먼저 해외 진출의 목적은 무엇인가, 해외에 공장을 진출하는 것은 적절한가, 다른 방법으로 목적을 달성할 수 없는 것일까, 여러 가지 방안을 생각하고 결정해야 한다. 그중에서 목적을 달성하는 데 가장 적절한 것을 선택해야 하는 것이다.

또 여러 도시에서 문화 회관을 세우고 있는데 문화 회관을 세우는 목적은 무엇인가, 문화 회관이 아니라도 다른 방법이 있는 것은 아닐까, 더 좋은 접근 방법이 있을지도 모른다, 대안은 얼마든지 있다, 대안은 목적을 달성하기 위해 있다는 식으로 생각하는 것이다.

무엇을 하면 좋을까, 무엇을 얻고 싶은가를 구체적으로 생각해 나가면 새로운 대안이 나오게 된다. 그리고 더 좋은 안을 선택하여 보다 좋은 결과를 얻을 수 있는 것이다.

10 전략의 실수를 전술로 보완할 수 없다

좋은 전략에는 좋은 전술이 필수적이다

앞으로 인간의 조직적인 활동에는 전략적 발상이 필수적으로 요구되는 시대가 되었다. 기업이나 행정 기관은 말할 것도 없고 비영리 단체나 대학, 병원, 미술관에서도 전략이 요구된다.

개인 생활에서도 마찬가지다. 앞으로는 단순히 그날 그날을 살아가는 것이 아니라 어떤 생활 방식으로 살아갈 것인가 하는 전략적 발상이 요구될 것이다. 예를 들면 취직이나 전직, 자기 실현을 생각할 때 어떤 방향으로 나아갈 것인가를 생각하고 인생 전략을 세워 보는 것이 중요하다.

흔히 전략이라는 말은 단지 전쟁에서 승리하기 위한 수단으로 이해되고 있지만 사실 전략은 목적을 가지고 행동하고 방향을 정하는 것이라고 정의할 수 있다. 또 자신의 능력을 발휘할 영역을 정하고 미래를 전망하며 의미있는 결과를 낳기 위한 것이라고 할 수 있다. 전략은 인생 전략, 경영 전략, 도시 전략, 국가 전략 등 다양한 분야에서 활용될 수 있다.

매력적인 도시, 매력 있는 회사, 매력 있는 직장, 매력 있는 인생 등 '매력'의 근원이 되는 것은 각각의 전략이며 그 근원에 있는 것이 전략적 발상인 것이다.

하지만 전략과 전술의 관계에 있어서 오해하지 말아야 할 것이 있다. 전략적 발상의 중요성을 강조하는 것은 결코 '전술적인 업무'를 부정하거나 무시해도 좋다는 것이 아니다. 전술적인 업무를 효과적으로 수행하는 것은 전략을 성공하기 위해서 필수적인 것이다.

전략은 좋았지만 전술을 제대로 운용하지 못해서 목표를 달성하지 못하는 경우가 있다. 훌륭한 전략적 아이디어인데 아이디어에만 그치고 마는 경우가 흔히 있다. '훌륭한 전략은 훌륭한 전술이 필수적이다.'

일본의 산업이 오늘날처럼 발전할 수 있었던 것은 전술을 잘 수행할 수 있는 체제가 되어 있었기 때문이라고 할 수 있다. 일본의 상품 제조 기술은 세계적으로 정평이 나 있다. 높은 품질의 제품을 보다 싸게, 보다 빨리 만드는 기술, 특히 자동차나 가전 제품 생산 기술은 세계적인 경쟁력을 갖추고 있다. 외국 기업이 품질 관리(QC), 개선, 저스트 인 타임(Just-in-time, 재고를 남기지 않고 지정한 시간에 맞추어 부품을 입고시키는 방식-역주)에 주목하고 그 시스템을 도입하는 것은 일본 산업의 뛰어난 전술 활동의 결과다.

열심히 해도 대가가 돌아오지 않는 이유

전략적 발상에는 또 하나의 중요한 원칙이 있다. '전략의 실수는 전술로 보완할 수 없다'는 것이다. 전술이 아무리 좋아도 전략이 잘못되어 있으면 그 대가는 돌아오지 않는다.

아이디어 제품이라 생각해서 대량으로 싸고 품질도 좋게 만들었지만 재고만 산더미처럼 쌓이는 경우가 있다. 결국 팔리지도 않을 상품을 열심히 만든 것이다. 또 특정 사업 분야에 진출하여 모두 열심히 노력했지만 실패하는 경우도 있다. 결국 그 분야에 진출한 전략이 잘못된 것이다.

열심히 해도 그 노력의 대가가 돌아오지 않았을 때는 노력하고 있는 것 자체에 의미가 없거나 전략이 결여되어 있는 경우가 많다. 버블 붕괴 후 직원 모두 열심히 분발했지만 파산한 기업이 많다. 그 원인을 규명해 보면 대부분 '전략의 실수'나 '전략의 결여'에 기인하는 경우다. 전략의 실수는 전술로는 보완할 수 없다.

전략과 전술의 중요한 관계를 다음에 들어보자.

- 전술이 아무리 좋아도, 즉 아무리 열심히 노력해도 전략이 나쁘면 전술적 활동의 대가는 돌아오지 않는다.
- 반대로 전략이 좋아도 전술을 잘 운용하지 못하면 그 목표는 달성할 수 없고 실패로 끝난다.
- 전술과 전략 모두 필요하며 어느 한 쪽이 결여되어 있으면 성공하기 어렵다. 그러나 그중에서도 특히 '전략'이 중요하다. 사람들은 종종 전술은 전략을 따르는 것이라는 사실을 잊고 지낸다. 자신이 하고 있는 일이 무의미한 노력이 되지 않게 하려면 항상 전략적으로 발상하는 것이 중요하다.

2

창조형 인간의 특성

꿈을 품는 것과 독창성을 추구하는 것의 중요성

11 전략적이기 위해서는 새로운 방법과 체계가 필요하다

기존의 테두리에서 벗어남으로써 전략이 된다

전략적 발상은 뭔가 새로운 일을 시작하려고 할 때 필수적으로 요구된다. 기업이 신제품을 발표하면 그 회사의 전략 상품이라거나 성장을 위한 신 전략이라고 말한다. 새로운 사업 분야에 진출하면 신사업 전략이라고 말한다. 이것은 비즈니스 분야에만 해당되는 것이 아니라 '도시 전략'에도 적용된다. 새로운 도시 만들기를 위한 쇼핑 센터나 컨벤션 센터, 미술관이나 박물관 그리고 대학에 이르기까지 그때까지 없었던 새로운 것을 만들려고 하면 그것은 도시의 신 전략이라고 부르게 된다.

'인생 전략'에서도 마찬가지다. 인생 전략은 뭔가 새로운 분야에 도전하려는 사람, 전직하려는 사람, 고향으로 돌아가 탈 샐러리맨이 되려는 사람 혹은 농사를 지으려고 하는 사람 등 새로운 전략을 자신의 인생에서 실현하려는 사람들에게 필요한 전략이다.

이와 같이 생각해 보면 'ㅇㅇ 전략'이라고 하는 것에는 뭔가 지금까지와는 다른 '새로운 방법과 체계'가 되는 요소가 존재하고 있다는 것을 알 수 있다. 지금까지의 상식에서 벗어나 뭔가 새로운 일을 시작할 때 그것은 전략이 된다.

매일 똑같은 일을 되풀이하거나 과거의 습관과 관행, 구조를 유지하는 것에는 신선미가 없다. 기존의 테두리 속에서 꾸준히 일하는 것은 '전술'이 되는 것이다.

신제품을 팔기 시작하고, 새로운 고객을 개척하고, 새로운 방법으로 물건을 만들고, 새로운 사업 분야에 진출하는 것에는 일상 업무에서 벗어난 발상을 하는 것이 필요하다. 따라서 전략적이기 위해서는 기존의 테두리에서 벗어나서 뭔가 새로운 발상을 해야 한다.

'의도적'으로 새로운 발상을 한다

그러면 새로운 발상을 하면 무엇이든 전략이 되는가. 그렇지는 않다. 전략적이기 위해서는 '의도적'이지 않으면 안 된다. 의도적이라는 것은 왜 그것을 하는가, 어떤 목적이 있는가, 새로운 일의 환경과 조건은 무엇인가, 어떤 방향으로 체계를 세울 것인가, 활동 영역은 어디인가, 어떻게 성공할 것인가 하는 것들을 충분히 생각한 후에 실행해야 한다.

물론 충분히 미래를 전망하는 것도 중요하다. 눈 앞에 닥친 어려움 때문에 현 상태에서 벗어나려고 하는 것도 전략이 아니다. 목적의식을 가지고 의도적으로 현 상태에서 벗어나려고 하지 않으면 전략이 아닌 것이다.

전략이 결여된 신제품, 신규 사업

　신제품이나 신규 사업에는 전략적이지 않은 것이 흔히 있다. 신제품 중에는 개량품, 마이너 모델 체인지, 포장만 바꾼 상품, 옵션만 부가한 상품들이 적지 않다. 또 신규 사업이라 부르는 것을 보면 잉여 인원에 대한 대책으로 회사를 만들었다던가, 다른 회사를 모방해서 시작하는 사업도 많다. 새로운 사업은 경쟁에서 이기고 과거와는 다른 시장에 진입하여 회사의 경쟁적 지위를 높이고 미래를 전망하며 의도적으로 시작하는 것이어야 한다. 전략이 결여된 신제품이나 신규 사업이 성공할 가능성은 낮다.

　전략적 발상에서는 항상 경쟁이 문제가 된다. 경쟁에 이길 필요가 없으면 전략적 행동은 필요 없다. 따라서 전략적 발상을 하는 경우에는 경쟁 조건을 생각하는 것이 필수적이다.

(12 창조형 인간의 출발점은 '꿈을 가지는 것

아메리칸 드림이 사회의 활기를 낳는다

전략적 발상법에서 가장 중요한 것은 무엇인가. 한 마디로 말하면 '꿈'이다. 위업을 달성하고 후세에 이름을 남긴 학자, 과학자, 정치가, 실업가, 예술가들 대부분은 자신의 꿈과 낭만을 추구한 사람들이다.

'꿈'을 가지고 있지 않은 사람은 전략적 발상을 할 수 없다. 꿈과 발상법에는 어떤 관계가 있는가 하고 의문스럽게 생각하는 사람이 있을지도 모르지만 꿈이 있는 사람은 발상이 풍부하다. 말할 것도 없이 여기서 꿈은 자고 있을 때 꾸는 꿈이 아니고 백일몽도 아니다. 자신이 무엇을 달성하고 싶다고 생각하는 '꿈', 바로 비전이다.

많은 사람들이 미국 사회가 역동적이고 창조성이 풍부한 것은 아메리칸 드림이 있기 때문이라고 말한다. 미국인들은 불리한 조건에서 맨손으로 자신의 큰 꿈을 실현하고 활동하는 것을 좋아한다.

그 꿈은 억만 장자, 대기업의 최고 경영자, 목장 주인, 대 스타 혹은 큰 집을 가지고 아름다운 정원을 만드는 것 등 사람마다 제각기 다르다.

어쨌든 대부분의 미국인은 자신의 꿈을 꾸고 그 꿈의 실현을 위해 여러 가지 방식으로 생각하고 행동한다. 전통적인 방법을 무시하고 혁신적인 방법을 생각하기도 하고 사람의 의표를 찌르는 독특한 행동을 하기도 한다. 그들은 수많은 발명을 해왔고 커다란 성과를 이루기도 했다. 뉴욕의 엠파이어 스테이트 빌딩, 시카고의 시어즈 타워 빌딩은 아메리칸 드림의 상징이다.

최근 미국에서는 아메리칸 드림을 추구하는 기회가 사라지고 사회에 활기가 없어지고 있다는 소리도 들리지만 반드시 그렇지는 않다. 아메리칸 드림은 여전히 살아 있고 그 방법은 변했지만 미국인은 여전히 꿈을 가지고 여러 가지 방법으로 발상하고 있다. 우주 개발이나 'M&A 열풍' 등에서도 보듯이 그들은 자신의 꿈을 실현하기 위해 최선을 다하고 있다.

지금도 미국에서는 창조적이고 특별한 것들이 계속해서 나타난다. 그들은 여전히 아메리칸 드림을 실현하고자 노력하고 독특한 발상을 하고 있다. '꿈'은 사람들에게 발상을 하게 하는 기폭제인 것이다. 큰 꿈이 없으면 사람들은 큰 발상을 하지 않는다. 꿈이 없어지면 사람들은 발상하지 않게 된다. 꿈은 발상의 출발점인 것이다.

자신의 꿈을 구체적으로 써 보자

그러면 당신에게는 어떤 꿈이 있는가. 당신의 회사에는 비전이 있는가. 스스로 자문자답해 보기를 바란다. 단지 머리에 스쳐가는 정도의 꿈이라면 곤란하다. 스스로 글로 쓸 수 있을 정도가 되지 않으면 안 된다. 자신의 꿈 혹은 회사의 꿈을 구체적으로 5W1H의 방법으로 써보기 바란다. 그것도 하나가 아니라 우선 최소한 열 번 정도는 써보는 것이다. 전략적 발상은 '꿈을 글로 쓰는 것'부터 시작된다.

그리고 다음에 자신이 80살까지 산다고 가정하고 죽을 때까지 하고 싶은 것을 백 가지 써보자. 예를 들어 '2010년에 히말라야를 등반한다' 는 식으로 구체적으로 쓴다. 백 가지를 써보면 그중에는 정말로 자신이 무엇을 하고 싶은가 하는 것이 나올 것이다. 또 범위를 좁혀 가면 평생 추구하고 싶은 '꿈' 을 가질 수 있다.

13 낭만이 넘치는 큰 꿈을 그리자

전략적 발상을 하기 위한 '꿈' 이란

전략적 발상을 하기 위한 '꿈'은 자신의 생활 속에서 구체적으로 그리는 것으로 자신이 장차 무엇을 하고 싶다고 열망하는 것이다. 바꿔 말하면 큰 목표다. 이 목표를 비전이라고도 하며 그 꿈을 실현하려고 하는 상당히 강한 의지가 있어야 한다. 실현할 의지가 없고 꿈만은 있다고 한다면 전략적 발상과 결부시킬 수 없다.

이 꿈은 물론 하나일 필요는 없지만 너무 많고 여러 분야에 걸쳐 있으면 그것을 달성하기 위해 투입해야 할 여러 가지 자원이 분산되므로 집중력이 떨어진다. 투입해야 할 자원은 한정되어 있기 때문에 그것이 분산되지 않을 정도로 꿈의 범위를 좁히는 것이 바람직하다.

전략적 발상을 하기 위한 꿈에는 '낭만'의 요소도 필수적이다. 낭만이란 인간미가 있고 아름답다고도 할 수 있다. 그리고 욕망과 손익을 초월한 것이 많다.

또 낭만에는 종종 '철학'적 요소도 있고 자기 의지도 있다. 즉 자신이 가지고 있는 인생철학이 있으며 어떤 일을 하고 싶다는 강한 의지의 표현이다. 그리고 그것은 꿈을 실현하기 위한 견인차가 되는 것이다.

조그만 발상에서는 전략은 나오지 않는다

전략적 발상은 낭만이 있고, 철학이 있고, 의지가 있는 것만으로는 나오지 않는다. 거기에 미래에 대한 비전이 함께 있어야 한다. 그러므로 전략적 발상의 출발점인 꿈에는 현실과 동떨어져 있는 이상적인 면도 있다. 상상에 불과하다고 여겨질 수 있는 것도 있고 당장에는 실현될 것 같지 않은 넌센스처럼 보이는 것도 있다. 꿈은 현실에 중점을 두지 않고 미래를 향하는 것이기 때문에 꿈을 가지고 있는 사람을 '돈키호테'라거나 '성실하지 못하다'고 하는 비난을 하는 경우도 있다.

꿈에는 돈키호테적인 요소들도 흔히 볼 수 있지만 진정한 꿈이란 사실은 그것에 실현 가능성이 숨겨져 있는 것이라고 할 수 있다. 또 돈키호테 같은 식으로 생각하기 때문에 그 꿈이 큰 것이다. 허풍으로 생각될 수도 있지만 전략적 발상을 하려면 우선 크게 발상하는 것이 필요하며 조그만 발상에서는 전략이 나오지 않는다는 것을 염두에 둘 필요가 있다.

흔히 일본인들은 눈 앞의 사소한 것에만 마음을 빼앗겨 시야가 아주 좁다고 한다. 숲을 보지 못하며 나무를 보기는 커녕 '나무잎의 끝밖에 보지 못한다'고 중국의 학자에게 야유를 받은 적이 있다.

옛날부터 전략가라고 하는 사람은 모두 큰 발상을 하는 사람이며 머리가 이상해진 것은 아닐까 하고 생각할 정도로 큰 꿈을 실현하려고 한 사람들이었다. 노부나가와 히데요시 그리고 이에야스도 '천하의 정권을 잡는다'고 하는 큰 꿈을 품었다. 그 꿈이 여러 가지 전략적 발상을 하게 하는 계기가 된 것이다.

홋카이도 개척에 깊이 관여한 미국의 클라크 목사는 "소년이여 야망을 가져라(Boys, be ambitious)"라고 외쳤다. 당시 이 말은 청년들의 마음에 깊이 새겨져 전략적 발상을 부추키는 계기가 되었고 이후 많은 메이지 유신의 지도자를 배출할 수 있었다.

조그만 발상에서는 전략은 나오지 않는다. 조그만 꿈에서는 조그만 발상밖에 나오지 않고 그만큼 행동의 폭도 좁아진다. 사소한 일에 언제나 마음을 빼앗기는 사람은 전술가는 될 수 있어도 전략가는 될 수 없다. 큰 꿈에서 큰 발상이 나오게 될 가능성이 있는 것이다.

일반적으로 말해서 작은 그릇으로는 전략적 발상을 채울 수 없고 큰 그릇이라야 전략적 발상을 채울 수 있다고 할 수 있다. 반대로 전략적 발상을 할 수 있는 사람, 큰 꿈을 그릴 수 있고 그리는 방법을 알고 있는 사람은 큰 그릇이 될 수 있고 또 전략가가 되도록 자신을 단련할 수도 있는 사람인 것이다.

덧붙여 전략적 발상에서는 약간 차원이 높은 곳에서 모든 것을 바라보는 것도 필요하다. 다시 말하면 20층, 30층 혹은 도쿄 타워의 전망대와 같은 곳에서 자신의 세계를 바라보는 것이다. 그리고 이것은 전략적 발상에서 필수적인 조건이라고 할 수 있다. 전략적 발상의 근원이 되는 꿈은 이와 같은 고차원적인 관점에서 그리는 것이 중요하다.

'저 사람의 발상은 차원이 높다'라고 말하는 경우 그 사람은 높은 차원에서 전략을 그리고 있다는 것을 의미하고 있는 것이다.

14 야심을 갖지 않으면
전략적 발상은 나오지 않는다

창조형 기업가와 샐러리맨 경영자

'꿈'이 없으면 전략적 발상은 나오지 않는다는 것은 정치가, 위대한 장군, 제독, 발명왕, 예술가, 종교가, 대기업의 창업자 등 걸출한 업적을 남긴 인물의 발상이나 행동을 살펴 보면 쉽게 알 수 있다. 여기서는 창조형 기업가를 예로 들어 그 발상과 행동의 근원을 더듬어보도록 하자.

창조형 기업가란 세상에서 말하는 전문 경영인들과는 달리 스스로 회사를 세워서 경영자가 된 사람이다. 그러나 반드시 그들만이 창조형 인간이라고는 할 수 없다. 창조형 기업가 타입의 경영자나 창업가 정신을 가진 비즈니스맨도 포함된다.

중소기업 경영자들 중에는 창조형 기업가가 많다. 부모로부터 회사를 이어받아 그 유지에만 부심하고 있는 보수적인 경영자는 창조형 기업가의 범위에는 들지 않는다. 스스로 자금을 만드는데 전력을 다하고 사업이 성장하도록 매순간 여러 가지 방법으로 기획하고 발전의 기회를 호시탐탐 노리고 있는 타입의 사람이 창조형 기업가다.

이런 유형의 사람들은 동서양이나 시대를 불문하고 또 기업의 규모에 관계없이 항상 존재하고 있다.

창조형 기업가에게 공통되는 기본적 성향은 항상 사업을 기획하거나 발전시키려는 생각을 하고 있다는 것이다. 그들에게는 새로운 일을 시도하거나 기획하고자 하는 정신이 넘치고 있다. 기획을 하는 것은 뭔가를 이루고자 하는 야심이 있다는 것이다. 하지만 대부분의 샐러리맨들에게서는 이러한 기획 정신을 발견하기 힘들다. 샐러리맨은 수동적으로 지시한 것 외에는 하지 않는 지시 대기형 인간이 많은 것이다.

전문 경영자들 중에서도 이런 정신이 결여되어 있는 사람을 많이 볼 수 있다. 그들은 야심을 갖지 못하고 단지 월급을 받아서 매일 일상 업무를 안일하게 처리하고 있을 뿐이다.

대기업의 기획부에서 대히트가 나오지 않는 이유

대기업에는 대개 회사의 사업을 기획하는 기획부가 있다. 기획부는 회사의 전략을 기획하는 부서인데도 결정적인 전략이 나오지 않는다. 그 이유는 대부분의 경우 기획 입안 업무에 전념하는 사람만 있을 뿐이고 야심에 불타는 창조형 기업가처럼 사업을 기획하고 있는 것이 아니기 때문이다. 아무리 열심히 사업을 기획하고 있어도 야심을 가지고 사업을 수행하려고 하는 정신적 뒷받침이 결여된 경우가 많다.

기획 이면에는 그 사람 자신의 개인적인 야심이 없으면 안 된다. 야심이란 '야망'에 해당되는 것이며 개인적인 것이다. 개인이 야망을 가지고 있지 않으면 진정한 의미에서의 기획은 세워지지 않는다.

자신이 개인적으로 추구하려고 하는 꿈이 없으면 사업을 기획할 수 없다. 다시 말하면 사업을 제대로 기획하는 사람은 강한 성취욕을 가지고 꿈을 품고 있는 사람이다. 그들이 자신의 꿈을 반드시 실현하고 성취하려고 행동할 때 여러 가지 사업을 기획하고 대책을 수립할 수 있는 것이다. 그리고 미래를 전망하고 어떻게 하면 그 꿈을 실현할 수 있을까 하는 방법도 생각하게 된다. 필요한 수단이나 자원은 무엇인가, 타이밍은 적절한가 하는 것을 확인하려고 한다.

　대기업의 기획부에서 세상을 깜짝 놀라게 하는 기획이 좀처럼 나오지 않는 것은 행동하는 창조형 기업가와 같은 리더가 없기 때문이다. 이와 반대로 중소기업의 창업자에게는 예기치 못했던 새로운 방법과 체계를 가진 기획을 통해 신규 사업 분야를 개척하거나 신제품을 개발하여 대성공을 거두는 사람을 많이 볼 수 있다.

(15 '과장해서 말하는 것' 이 꿈을 갖는 계기가 된다

과장해서 말하는 것도 어렵다

꿈을 갖는 또 하나의 계기는 '과장해서 말하는 것'이다. 결코 과장해서 말하는 것이 쉽지는 않다. 전략적 발상을 강의하면서 자신의 생활 혹은 회사 경영, 도시 설계, 거리 조성이라는 테마로 과장해서 말하기 대회를 열고 한 사람씩 과장해서 말하고, 써 보도록 하면 의외로 현실성 있는 의견밖에 나오지 않는다. 특히 조직에서 오래 몸담아온 사람일수록 제대로 과장해서 말하지 못한다.

과장해서 말하려면 현실에서 동떨어진 발상이 필요하다. 과장하려면 그러한 것은 도저히 할 수 없다거나 그런 것은 있을 수 없다고 생각하지 말아야 한다. 새로운 전략을 발상하려면 현실을 뛰어 넘는 가상의 상황을 과장의 대상으로 하면 된다.

물론 과장은 황당무계한 것은 아니다. 어느 정도의 현실감을 가진 것이지만 쉽게 달성할 수 없고 달성하기 위해서는 창의적인 연구와 노력, 계획이 요구되는 것으로 빅 프로젝트가 될 수 있는 것이어야 한다.

매출액 1억 엔의 회사가 5년 동안에 판매 실적을 20억 엔으로 올리려고 생각한다. 목표를 달성하기 위해서는 상당히 과장되고 과감한 전략이 필요하게 된다.

예를 들면 시장 환경, 경쟁 조건, 회사의 강점과 약점, 경영 자원(사람, 상품, 돈, 정보, 시간), 회사의 구조 등에 대해서 장, 단기에 걸쳐 근본적으로 검토해 볼 필요가 있다. 5년간 20억 엔까지 신장하려면 무엇을 하면 될 것인가. 새로운 사업 분야에 진출하거나 새로운 시장을 개척하거나, 회사를 인수·합병한다고 하는 발상도 나올 것이다.

크게 생각하는 것이 큰 결과를 가져온다

『크게 생각하는 마술』의 저자 D. J. 슈바르츠는 크게 생각하면 동시에 여러 가지를 전망할 수 있다고 말한다. 크게 생각하면 멀리까지 보려는 노력을 하게 되고 생각하지도 못했던 가능성이 열리게 된다.

인생 전략을 생각하는 경우도 마찬가지다. 인생에서 뭔가 큰 것을 성취하려고 하는 사람은 크게 생각한다. 야심을 가지고 그것을 달성하기 위해서 미래를 전망하고 새로운 방법과 수단을 찾는다. 외국으로 유학하거나 야심가들의 의견을 듣거나 하여 자신의 인생 전략을 달성하는 비법을 손에 넣으려고도 한다.

성공한 사람들 대부분은 인생 전략, 즉 큰 꿈을 꾸었기 때문에 큰 일을 할 수 있었다고 말할 수 있다. 그리고 그 큰 꿈의 대부분은 곁에서 보면 과장된 경우가 많다. 왜 전략에는 과장된 발상이 필요한가. 그것은 작은 발상에 바탕을 둔 스케일이 작은 프로젝트는 큰 노력이나 연구를 필요로 하지 않고 달성할 수 있기 때문이다. 예를 들면 연간 4,000만 엔의 판매 실적을 올리고 있는 세일즈맨에게 연간 5,000만 엔의 판매 실적을 요구한다면 현 상태에서 조금만 더 노력하면 달성할 수 있을 것이다. 그러나 판매 실적을 1억 엔으로 상향 조정하면 현 상태에서 벗어날 필요가 있으며 완전히 새로운 방식으로 접근하지 않으면 안 된다.

이와 같이 크게 생각하는 것은 전략적 발상을 자극하는 것이 되며 새로운 전략을 낳게 하는 것이다.

한 기업가가 이런 말을 한 적이 있다. "조그만 발상에 바탕을 둔 규모가 작은 프로젝트는 마음만 먹으면 100퍼센트 달성할 수 있다. 그래서 누구나 할 수 있는 것이다. 그러나 큰 스케일의 발상에 바탕을 둔 빅 프로젝트는 어지간한 노력으로 되지 않으며 100퍼센트를 달성할 수 없는 경우가 많다. 하지만 그 달성도가 50퍼센트 정도에 그쳐도 그 결과는 작은 프로젝트가 가져오는 결과와 비교할 수 없을 정도로 큰 성과를 내는 경우가 많다."

그는 "크게 생각하는 것이 큰 결과를 가져온다"고 말하고 있는데 큰 프로젝트에는 필수적으로 전략이 요구된다.

전략적으로 기획하고자 하는 사람은 과장해서 생각하고 발상해 보는 것이 좋다. 그것이 계기가 되어 훌륭한 전략을 낳을 수 있는 것이다.

16 꿈의 실현에 필수적인 도전 정신

'해 보자'에서 모든 것이 시작된다

미국의 비즈니스 정신은 바로 개척자 정신이다. 미국은 나라를 세운 지 200여년 밖에 안되는 나라다. 하지만 건국 전부터 미국의 비즈니스는 모험적이었고 미개척의 거대한 국토는 개척 정신을 필요로 했다. 미국 경제 발전사를 읽으면 프런티어(Frontier)란 바로 불확실한 것 그 자체이며 미지, 미체험, 미개척의 영역으로 희망의 땅이었다.

프런티어 시대의 미국에서는 사람들을 미개척의 땅으로 내보내기 위해서 많은 기회를 주었다. 아침에 총소리를 출발 신호로 하여 말을 타고 달려서 저녁에 도착한 곳까지의 땅을 모두 소유할 수 있도록 하는 정책도 있었다.

아무 것도 나지 않는 거대한 땅을 손에 넣는 것이 의미가 없다고 생각할 수도 있지만 사람들의 도전 정신을 자극하기에는 충분했다. 미국인은 불확실하고 위험한 기회에 도전하는데 익숙했기 때문에 지금도 개척 정신이 남아 있으며 그것이 미국의 기업가 정신을 형성하고 있다.

미국인이 자주 입에 담는 말은 '레츠 트라이(Let's try)'다. 즉 '해보자'는 것이다. 일본인이라면 상세히 조사하여 준비하고 나서 행동하려고 하지만 미국인은 '해보지 않고서는 모른다'고 하여 먼저 행동에 옮겨 도전하려고 하는 경향이 있다. 그들에게는 해보고 안 되면 어쩔 수 없다, 도중에서 수정할 것이 있으면 수정

하면서 목적을 달성하자, 아무튼 행동으로 옮겨 보자는 사고방식
이 있다.

미국인은 실패를 두려워하지 않는다. 실패하면 다시 하면 된다
고 생각하고, 사회 분위기도 '다시 하기'를 허용하는 풍조가 있
다. 야구에 비유해서 말하면 삼진도 많지만 호쾌한 홈런도 많은
것이다.

일본인에게 이런 정신이 아주 없는 것은 아니다. 'Let's try!'는
위스키 회사 산토리의 창업자 토리이 신지로가 주창하는 '해보
라'와 일맥상통하는 것이며 혼다를 탄생시킨 시즈오카현의 하마
마츠에는 '하지 않겠는가'라는 정신이 넘치고 있다. 하마마츠는
인구 60만 명의 지방 도시인데 혼다를 비롯하여 스즈키, 야마하,
카와이 악기, 하마마츠 호토닉스 등 세계적인 브랜드의 기업들이
활동하고 있다. '하지 않겠는가'의 정신이 이곳에 많은 세계적

기업을 탄생시켰다고 말할 수 있다.

호쾌한 홈런을 치기 위해

일을 시작할 때 정확히 조사하고 계획을 세워 만반의 준비를 갖추고 행동에 옮기는 것은 일을 효과적으로 진행하는데 원칙적인 방법이다. 하지만 이런 방법으로는 히트는 많이 나올지 모르지만 좀처럼 홈런은 나오지 않는다. 홈런이 나와도 뭔가 호쾌한 느낌이 없다.

말하자면 미국 야구는 도전 정신과 개척자 정신을 반영하고 있으나 일본 야구는 가끔씩 홈런이 터지기도 하지만 주로 안타 위주로 도전 정신이 부족한 관리 야구라는 인상을 강하게 심어준다.

창조형 기업가가 전략적 발상을 하는 것은 그들에게 있는 도전 정신이 크게 작용하고 있기 때문이다. 그런데 그들이 도전하는 목표는 보통의 노력이나 아이디어로는 달성할 수 없다. 거기에는 혁신적인 아이디어와 노력이 필요하고 근본부터 뒤엎는 접근법과 사고방식이 필요하며 자신이 갖는 에너지와 자원을 집중해야 한다. 또 그 목표를 끈기와 강한 인내심을 가지고 성취해야 한다.

전략적 발상에는 이와 같은 사고와 행동이 포함되어 있다. 요컨대 전략적 발상의 근원에는 도전 정신이 있는 것이다.

도전의 조건

도전에는 단서가 붙는다. 무모하고 달성 가능성이 없으며 승리를 거둘 수 없는 것에는 도전하지 말라. 또 자신의 강점을 발휘할 수 있고 사람, 상품, 정보, 시간 등의 자원이 있으며 '기회'가 무르익어 있는 것이 중요하다.

비즈니스에서는 '예측 가능한 위험(컬큐레이터 리스크)'이라는 말을 사용한다. 도전에는 이 리스크의 계산도 필요하다.

(17 '독창성'을 추구하라

항상 의욕적으로 새로운 것에 도전하는 창조형 기업가

전략적 발상에서 중요한 것은 남보다 앞서 새로운 것을 시도하고 독창적인 것을 만들어내는 것이다. 동서고금을 통해서 전략가라고 불리는 사람들의 발상과 행동, 업적을 보면 거기에는 항상 독창성과 새로움이 있고 대부분은 혁신적인 것이다.

예술가가 진정한 예술가답게 될 수 있는 것은 창조적이고 독특한 표현을 하기 때문이다. 후세에 이름을 남긴 예술가의 작품은 그것을 보고, 듣고 혹은 읽으면 누구의 작품인가를 바로 알 수 있다. 피카소의 작품은 바로 피카소의 그림이라는 것을 알 수 있을 만큼 독특하며 모딜리아니의 작품도 마찬가지다. 쇼팽의 작품은 금방 쇼팽의 곡이라고 알 수 있으며 비틀즈의 경우도 예외는 아니다.

창조형 기업가에게서 볼 수 있는 첫 번째 특징은 바로 독창성이라 할 수 있다. 독창성의 정의는 여러 가지 있지만 비즈니스에 있어서 독창성은 뭔가 새로운 제품과 서비스를 만들어 내는 것이다. 비스니스에서 새로운 제품과 서비스를 제공하거나 신규 사업에 진출하여 성공을 거두는 데는 기업가의 독창성이 작용하고 있다. 그들은 다른 기업이 하지 않는 것을 먼저 사업화하고 다른 기업과는 아주 두드러지게 다른 제품이나 서비스를 시장에 내놓는다. 그리고 다른 기업과는 어딘가 다른 새로운 방법으로 경영을 한다.

이와 같이 창조형 기업가는 새로운 것을 만들어내는데 아주 의

욕적이며 거기에서 만족감을 느낀다. 또 그들은 약간 다른 것으로는 만족하지 못하고 사람들을 깜짝 놀라게 하는 새로운 것, 즉 혁신적인 것에 몰두한다. 이런 점에서 창조형 기업가는 예술가이며 그 기업은 예술 작품이라 할 수 있다.

특출한 신규 사업을 일으킨 사람으로는 혼다의 혼다 소이치로오, 브리지스턴의 이시바시 쇼오지로오, 마츠시타 전기의 마츠시타 코오노스케, 이데미츠 석유의 이데미츠 사조오 등이 있다. 이들은 단연 최고의 창조형 기업가이며 제품 생산과 마케팅 방법, 기업 운영에서도 끊임없는 혁신을 하고 있다.

'지키는 경영'이 회사의 활기를 빼앗는다

그러면 연공 서열제도에서 최고 경영자의 지위에 오른 전문 경영인의 경우는 어떠한가. 대부분 대단히 보수적이며 그 발상의 바탕에는 '유지'와 '보전'이 있다. 신규 사업에 진출할 것을 기획하기보다는 현재의 사업을 유지하고 지속시키는데 주력한다. 뭔가 새로운 것을 하는 것은 실패의 원인이 되기도 한다고 생각하며 새로운 것을 회피하려고 한다. 그리고 '큰 실패 없이 회사 생활을 마치는 것'에 만족한다.

또 그들은 이질적인 것보다는 동질적인 것을 추구하기 때문에 자신과 똑같은 사고방식이나 행동을 하는 사람들과 함께 이질적인 생각이나 행동하는 사람을 배척하는 경향이 있다. 그 결과 사내에는 같은 유형의 직원들이 주류를 차지하게 되고 회사 전체에 큰 실패 없이 일을 하려고 하는 분위기가 강해진다. 결국 회사에는 새로운 것에 도전하려고 하는 의지가 사라지고 만다.

경영자들 중에 흔히 우리 회사에는 활기가 없다거나 보수적이라는 말을 불만스럽게 토로하는 사람이 있다. 그것은 하늘을 향해 침을 뱉는 것과 마찬가지다. 경영자 자신이 새로운 일을 솔선해서 하지 않으면 부하 직원들은 결코 새로운 일에 손을 대지 않는다. 새로운 사업을 싫어하는 경영자는 부하 직원이 새로운 일을 하여 실패하는 것을 싫어하기 마련이다. 이런 경우 부하 직원은 지금까지 해 온 대로 전례가 없는 일이나 주제넘은 짓을 하지 않도록 주의해서 일하게 된다. 결국 그 회사는 독창성과 활기가 없는 직장으로 변해버리는 것이다.

창조형 기업가가 있는 회사에서는 어떠한가. 우선 창조형 기업가가 도전하는 것은 대체로 새로운 사업과 신제품을 생산하기 위한 일이거나 비 일상적인 업무인 경우가 많다. 지금까지 계속해 온 사업은 부하 직원에게 맡겨버린다.

그리고 새로운 것에 주목하고 있으며 새로운 사업의 개발과 추진에 마음이 향해 있다.

C18 최고의 경쟁력은 '차별화'에서 나온다

경쟁에서 우위에 서는 세 가지 방법

창조형 기업가는 '새로운 것', '혁신적인 것', '독창적인 것'에 관심을 갖는다. 그 이유는 항상 경쟁을 의식하고 있기 때문이다. 경쟁의 우위에 서는 방법을 생각한다는 것은 전략적 발상이기도 하다. 그래서 경쟁 상대와 확실한 '차이'를 벌려 놓는다.

경쟁 상대와의 확실한 '차이'는 기본적으로는 세 가지 방법에 의해서 나타난다. 그것은 '차별화', '집중' 그리고 '코스트다운'의 방법이다. 이 세 가지 방법 중 '차별화'가 창조형 기업가에게 새로움과 독특함을 가지게 하는 가장 큰 힘이다. 새로움이나 독특함은 상품이나 서비스, 기업 경영에서 경쟁 상대와 차별화하는데 있어서 대단히 큰 역할을 한다.

일반적으로 기업에서 차별화 전략의 핵심은 신제품이다. 화장품 회사 카오오의 세제 '아타쿠'나 아사히 맥주의 '슈퍼 드라이'도 획기적인 신제품이었기 때문에 경쟁사와 결정적인 차이를 벌리는데 성공했다.

새로운 판매 방법도 차별화에 도움이 된다. 예를 들면 세븐일레븐과 같은 편의점이나 맥도널드의 햄버거 체인이 이와 비슷한 예이다. 또 스타벅스나 도토르 커피는 과거의 커피숍과는 다른 상품과 서비스, 점포 내 설비로 차별화에 성공하고 있다.

새로운 것이나 독특함을 요구하는 발상

창조형 기업가가 독창성을 발휘할 수 있는 것은 새로움이나 독특함을 요구하는 생각이 남보다 강한 것과 기존의 것에 '사로잡히는 마음'이 없기 때문이다. 그들은 지금까지 해왔기 때문에 이렇다든지, 다른 사람이 그렇게 하고 있기 때문에 이렇게 한다든지 하는 식으로 관례나 전통, 상식 혹은 굴레에 사로잡히지 않는다. 어떻게 하면 경쟁 상대와 차이를 벌려 놓을 수 있을까, 남다른 제품을 생산해 낼 수 있을까 하는 것만을 생각하고 있다.

그래서 제품이나 서비스, 기업 활동, 운영 방식에서 독특한 점을 찾는다. 그리고 그 독특함은 타사보다 한 걸음 아니 두 걸음 앞서 간다. 전략적 발상은 바로 그 독특함에서 나오는 것이다.

샐러리맨의 '경쟁력'과 평생 교육

앞에서 설명한 관점에서 샐러리맨의 경쟁력, 생활 태도를 생각해 보자. 자신의 능력은 남과 어디가 다른가, 차별화 되어 있는 능력은 무엇인가, 자신있게 내세울 상품은 무엇인가를 생각해 보는 것이다.

앞으로는 '능력주의 시대'라고 하는데, 대부분의 샐러리맨은 자신있게 내세울 차별화된 능력을 가지고 있지 않다. 우선 능력을 차별화하는 것은 '자격증'일지도 모른다. 변호사, 공인 회계사 등 여러 가지 자격은 차별화의 상징이기도 하다. 새로운 능력을 익히는 것은 개인에게 '신제품'이 되는 것이다.

그리고 자신이 갖는 인식, 정보, 능력도 끊임없이 체크를 하여 스스로 학습해야 한다. 그런 점에서 평생 자기 개발을 위한 자세가 필요하다.

19 독창성을 방해하는 네가지 요인

전통, 상식, 관습, 굴레의 속박

독창성을 발휘하지 못하는 원인으로 4가지를 들 수 있다. 그것
은 '전통'과 '상식', '관습', '굴레'다. 이 네 가지에 사람들은 의
식적, 무의식적으로 속박되어 과감한 발상을 하지 못하고 평범한
발상, 즉 '무난한 발상'을 하게 된다. 무난한 발상에서는 참신한
아이디어는 나오지 않으며 획기적인 신제품도 나오지 않는다. 획
기적인 신제품, 신기술, 새로운 소프트웨어, 새로운 컨셉의 개발
은 전통과 상식, 관습, 굴레에 도전한 결과다. 이런 도전을 하는
사람은 기인 취급을 받거나 남에게 미움을 사고 배척당하는 경우
도 많다.

창조형 기업가들은 이에 도전하여 새로운 발상을 한 사람들이
다. 역설적으로 생각하면 전략적 발상의 근원은 이 '전통'과 '상
식', '관습', '굴레'로부터 나온다고 할 수 있다. 이 네 가지에 반
한 생각과 행동을 하다 보면 새로운 발상을 할 수 있다.

20 전통, 상식, 관습, 굴레에 도전하자

타성으로 계속해 온 전통이나 상식이 많다

한 업계의 조합장이 "업계에 속해 있으면 신규 사업에 진출할 수 없다"고 말한 적이 있다. 새로운 업종, 새로운 사업은 비 조합에서 생겨난다. 회전 초밥이나 편의점, 100엔 숍도 그런 아웃사이더들에게서 생겨난 것이다.

새로운 기획, 신제품, 신규 사업은 대부분 '전통'과 '상식', '관습', '굴레'의 네 가지 요소에 도전하거나 때로는 그것을 무시했기 때문에 탄생한 것이 많다.

'독창성'이라는 말의 이면에는 과거의 방법과 사고방식으로는 나오지 않았던 새로운 것, 반 전통적이고 비상식적인 요소가 포함되어 있는 점을 보아도 잘 알 수 있다.

'전통적'이라고 하는 것은 상당히 옛날부터 존재하고 있었던 양 생각하기 쉬운데 반드시 그렇지는 않다. 전통 속에는 옛날에 있었던 것을 부활시킨 것도 있을 것이고 최근에 와서 자연 발생적으로 생긴 것도 있다.

물론 전통 문화처럼 오랜 세월 동안 그 문화와 기술을 육성하고 계승하여 예술성을 높인 것도 있다. 그것들은 계승할 가치가 있는 것이다. 하지만 전통적인 것 모두가 그렇지는 않으며 그중에는 육성하고 계승할만한 가치가 없는 것도 많이 있다.

예를 들면 '직장의 전통' 혹은 '회사의 전통'이라고 하는 것이 있다. 그 전통은 구체성이 결여되어 극히 정신적인 것이 많고 그

때 그때 직장의 리더가 자신의 형편에 맞도록 만들어 낸 것이 많다. 예를 들면 회사 간부는 일반사원보다 1시간 늦게 출근한다, 회의에서는 간부만이 발언한다, 레저 산업에는 진출하지 않는다, 사장은 친척이나 가족 중에서 뽑는다, 모 대학 출신을 우선적으로 채용한다 등이다.

직장의 전통은 특수한 상황에서 만들어져 상황이 변하면 전통도 변질하는 경우가 많다. 요컨대 전통이라는 것은 만들어지는 것이다.

'상식'도 마찬가지다. "이 세계에서는 그것이 상식이다"라는 말을 자주 듣는다. "그 상식이란 구체적으로 어떤 것인가" 하고 물어보면 명확한 대답을 들을 수 있는 경우는 극히 드물다.

업계의 상식이나 직장의 상식 혹은 학계의 상식이라는 것에는 이와 같이 모호한 것들이 많이 있다. 예를 들면 고객을 10일 또는 20일에 직접 찾아가서 수금하는 것이 한 업계에서는 상식으로 되어 있는데 대기업에서는 은행 납입이 상식이다.

한 회사의 상식이 다른 회사의 비상식이 되는 것도 있다. '일본의 상식은 세계의 비상식'이라는 표현도 있을 정도다.

발상이 속박되는 관습이나 굴레

'관습'은 전통이나 상식에 근거하고 있는 경우가 많다. 관습은 제한적이고 일의 구조나 진행 방법과 관계가 있으며 예의범절과도 밀접한 관계가 있다. 그리고 이것은 직장의 권위나 인간관계를 만드는 바탕이 된다. 하지만 신년에 상사의 집으로 세배하러 가는 관습이 있다. 이런 관습은 과연 상식적인지 이해하기 어려운 경우도 있다. 관습도 전통이나 상식과 마찬가지로 사람들의 행동이나 사고나 발상을 여러 가지 형태로 속박하고 있는 것이다.

뭔가 새로운 것을 생각하거나 혁신적인 것에 손을 대는 경우 대부분의 사람은 전통이나 상식, 관습이라는 것을 무의식적으로 머리에 떠올린다. 그리고 대부분의 사람들이 그것에서 벗어나지 않도록 발상하고 행동하는 것이다.

'굴레'는 인간관계에 의해서 생기는 것으로 사람들의 행동이나 발상을 속박하는 힘이 대단히 강하다. '인간은 굴레 속에서 살고 있다'고 하는 사람도 있다. 상사들은 부하의 사생활까지 간섭하려 든다. 이것은 굴레를 만들어서 부하를 통제하려는 것이다. 더러는 '리더십은 굴레를 만들어서 통제하는 것'이라고 생각하는 사람도 있다.

뭔가 새로운 것을 생각하고 행동을 하려고 할 때 종종 굴레에 의해서 뒤로 끌려간다는 느낌을 받는 경우가 있다.

자신의 주위에는 어떤 '전통', '상식', '관습', '굴레'가 존재하는지 개인 생활과 직장 생활 양면에서 점검해 보기 바란다. 어떤 사람들은 이것들을 인식할 수 없는 사람도 있을 것이다. 그렇다면 그 사람은 이것들로 인해 무의식적으로 발상이 제한되고 있기 때문이다.

전통, 상식, 관습, 굴레의 리스트 업

다음의 것을 리스트로 만들어보자.

① 자신이 속하는 사회의 전통, 상식, 관습, 굴레
② 자신의 회사나 직장의 전통, 상식, 관습, 굴레
③ 업무의 전통, 상식, 관습, 굴레
④ 자신의 집의 전통, 상식, 관습, 굴레

회사나 직장에서 그만두거나 없어도 좋은 일을 리스트로 만들어 보자. 입사 2~3년 정도 된 사원에게 써보게 하면 좋을 것이다. 물론 쓸데없는 참견은 하지 말고 자유롭게 쓰게 하는 것이다.

3

창조형 인간의 사고

지향하는 방향과 활동하는 필드를 선정하라

(21 어떤 방향으로 나아가고 어떤 영역에서 활동할 것인가

전략적 발상의 출발점

미국에서는 '기업은 차고에서 태어난다' 라는 말이 있다. 이것은 자신의 꿈과 야망을 성취하고자 하는 사람이 자신의 차고를 근거지로 비즈니스 활동을 하고 대기업으로 발전해 가는 것을 표현한 것이다. 대기업은 모두 중소기업에서 탄생한 것이라 할 수 있다. 그리고 그 근본에 있는 것은 기업가 정신이다.

이렇게 차고에서 시작하는 사업을 대기업으로 만든 기업가의 사고방식과 관점, 계획을 분석해 보면 놀라울 정도로 그 기업가가 전략적 발상을 하고 전략적 접근을 하며 적절한 전략적 행동을 취했다는 사실을 발견할 수 있다. 그것은 기업가로서 자신이 나아가야 할 방향과 사업 영역의 선정에 문제가 없었다는 것이기도 하다.

전략적 발상의 기본은 어떤 방향으로 나아가는 것이 좋은가, 어떤 영역에서 활동하는 것이 좋은가 하는 것을 탐색하고 선정하는데 있다는 것을 먼저 생각하기 바란다. 전략적 발상의 시작은 여기에 있다. 그것은 어떤 영역에서 활동하면 자신의 꿈이나 야심을 달성할 수 있는가를 확인하는 것이기도 하다.

전략적 발상을 할 때 어떤 방향으로 나아가고 어떤 영역에서 활동하는 것이 가장 바람직하고 꿈이나 야심의 달성에 효과적인가를 먼저 생각할 필요가 있다. 사업의 진행 방향을 잘못 잡았거나 활동 영역을 잘못 정하면 꿈과 야망을 결코 달성할 수 없다.

기업 전략을 수립할 때 가장 중심적인 과제는 기업이 나갈 방향을 잡는 것이다. 알기 쉽게 말하면 '기업호'라는 배의 선장이 항로를 어떻게 정할 것인가 하는 것이다. 선장이 항로를 잘못 정하면 배는 좌초하거나 다른 배와 충돌해 버린다. 혹은 목적지에 도착할 때까지 쓸데없는 연료나 경비가 들게 된다. 항로를 잘못 정하지 않도록 하기 위해서는 어떻게 해야 하는가.

항로를 제대로 봐야 하고 또 상당히 멀리까지 보아야 한다. 때로는 수백 킬로미터 전방이어야 할 때도 있다. 어느 방향으로 어떻게 나갈 것인가. 선장의 판단은 그 배의 운명을 좌우하는 것이다.

시장의 선정이 기업 성장의 생명선

기업이 어떤 분야로 나갈 것인가, 어떤 시장에서 어떻게 기업 활동을 할 것인가 하는 것도 마찬가지다. 그것은 기업의 성장, 발전을 크게 좌우한다. 기업이 선정한 시장이 성장 시장이 아니라면 기업의 미래는 매우 불확실하다. 사장을 비롯하여 일반사원에 이르기까지 열심히 노력해도 성과가 나오지 않고 때로는 회사가 망해버리는 경우도 있다.

저 성장산업에 속하는 회사의 사원은 이것을 실감하고 있을 것이다. 그 예가 석탄 산업이다. 지금으로부터 40~50년 전에는 석탄은 '검은 다이아'라고도 하여 대단한 성장 산업이자 인기 산업이었다. 당시 석탄 산업에 종사하고 있는 사람들은 열심히 일했고 자금도 상당히 많이 투입되었다. 하지만 유감스럽게도 석탄산업은 어느새 쇠퇴하여 소멸해버린 것이다.

이런 산업은 많이 있다. 반론을 제기하는 사람도 있겠지만 조선업, 비료 산업, 철강업 등도 저 성장 산업에 들어가는 것이 아닐까 생각한다.

이와 반대로 성장 산업에 속해 있는 기업은 그 노력의 대가가 충분히 돌아오게 된다. 그중에는 성장 산업에 속해 있었기 때문에 대단한 노력도 하지 않았는데 급성장하는 회사도 있다. 유능한 인재가 적었는데도 회사가 급성장한 경우에는 회사가 성장 산업에 속해 있었고 창업자가 성장 산업 분야로 진출하기로 결정한 것이 주효했다고 할 수 있다.

현재 급성장하고 있는 중견 기업은 대부분 성장 산업에 속해 있다. 덧붙여 말하면 도쿄 증권거래소의 제2부 상장 기업으로 인기 있는 회사나 미국의 나스닥 시장의 상장 회사를 보면 성장 산업을 파악할 수 있다. 앞으로 성장 산업이라 여겨지고 있는 첨단 산업 분야의 회사들의 주식은 지속적으로 상승할 것이다.

이 예는 너무 단순하게 모든 사항을 파악하고 있다는 비판을 받을지도 모르지만 미래의 방향이나 사업 영역을 잘못 잡으면 사업에 실패한다는 것을 이해시키기 위해 감히 이런 식으로 단순하게 설명한다.

어떤 방향이나 영역이 좋은가를 우선 전체적인 견지에서 확인하는 것은 전략적 발상의 시작이며 그것이 성공의 출발점이다. 꿈과 야심을 가진 기업가라도 판단을 그르치면 결과적으로 사업에 실패하게 되는 것이다.

(22 미래의 기회를 찾아내자

성장 시장을 전망하는 어려움

기업 전략을 수립할 때는 성장 시장을 선정하는 것이 무엇보다 중요하다. 하지만 성장 시장을 전망하는 것은 결코 쉽지 않은 일이다.

그 이유는 첫째, 현재 성장 산업이라고 하더라도 언제 쇠퇴할지 모르기 때문이다. 위험은 항상 있다. 성자필쇠(盛者必衰)의 원칙은 산업계에도 해당된다. 성장 산업은 반드시 성숙하여 저성장 산업으로 되고 새로운 성장 산업이 또 다시 탄생하게 되는 것이다.

이 현상에 착안하여 라이프사이클론=수명론을 주장하고 있는 학자들이 있다. 그들은 모든 상품에는 라이프사이클=수명이 있다고 생각한다. 분명히 상품에는 그런 경향을 찾아볼 수 있다. 급성장했으나 이후 수요가 감소하여 이익을 올리지 못하는 상품이 많이 있다. 가장 알기 쉬운 예는 전술한 '석탄' 이다.

이런 현상은 회사에서도 볼 수 있다. 최근 '그 회사는 전성기가 지난 것 같다' 는 말을 자주 듣게 된다. 일부에서는 회사의 수명은 30년이라고 주장하기도 한다. 따라서 자신의 회사가 성장 산업에 속해 있다고 해서 들떠 있을 수는 없다. 산업이 언제 쇠퇴해버릴지 모르기 때문이다.

게다가 쇠퇴는 서서히 찾아온다. 그리고 성장 시장에 속해 있으면 매일 바쁜 업무에 쫓겨 '성자 필쇠(盛者必衰)' 는 남의 일처럼

생각하게 된다. 따라서 그 시장에 머무는 데 한층 더 노력하게 되고 어느새 저 성장 시장에 계속 머무는 결과를 초래한다.

둘째는 성장 시장을 전망하려면 상당히 먼 미래를 전망하는 것이 필요하기 때문이다. 미래는 항상 불확실하며 미래의 성장 시장을 전망하려면 여러 가지 정보를 가지고 예측하는 것만으로는 불충분하다. 경험이나 육감, 추리력 같은 것이 요구되기도 한다.

그러나 이런 능력을 가지고 있어도 성장 시장을 정확히 파악한다는 것은 상당히 어렵다. 그럼에도 불구하고 성장 시장을 끊임없이 확인해야 한다. 성장 시장에 속하지 않는다면 기업이 위태로워지는 것은 분명하기 때문이다.

비즈니스 기회는 미래에 있다

기업 전략은 어떤 시장에서 활동할 것인가에 따라 큰 변수가 생긴다. 창조형 기업가는 무의식적이나마 이것을 알고 있다. 더러는 '나는 운이 좋았다'고 말하는 기업가들이 있다. 하지만 조사해 보면 성공한 기업가는 성장 산업 혹은 성장 시장에 있었기 때문에 그 운을 잡을 수 있었던 것이다.

창조형 기업가는 미래를 전망하기 위해 최대한 노력을 기울인다. 기회가 있을 때마다 미래에 대해 알려고 하며 미래의 어디에 기회가 있는가를 찾아내려고 한다. 이것은 대단히 어려운 일이지만 불가능한 일은 아니다. 다만 언제나 여러 가지 분야의 변화를 다각적으로 확인하는 체계적인 노력이 필요하다. 창조형 기업가는 과거에 대해서는 별로 관심을 갖지 않는다. 과거는 지나간 것이며 과거는 지배할 수 없는 것이라고 생각한다. 비즈니스 기회는 항상 미래에, 특히 성장 시장 혹은 성장 산업에 있다고 생각한다.

창조형 기업가에게서 전략적 발상의 전형을 볼 수 있는 것은 이런 미래 지향적인 성향때문이다.

개인의 성장 기회

개인으로서 미래의 성장 기회는 어디에 있는가를 생각하는 것도 하나의 접근법이다. 핵심 사항을 몇 가지 정리해 보자.

① 항상 미래를 본다. 미래를 향해 자신을 둘러싼 변화를 예측하여 '미래 연표'를 작성한다.
② 자신의 능력을 개발한다. 구체적으로 자랑할만한 기술과 자격을 공부하고 항상 뒤쳐지지 않도록 노력한다.
③ 자신의 '꿈'을 갖는다. '꿈'의 실현에 노력한다.
④ 교제 범위를 넓힌다. 세 부류 이상의 다른 '인맥'을 만든다.
⑤ 스스로 변화의 계기를 찾는다.

 힘을 발휘하기 쉬운 사업 영역을 선택하는 방법

장기에 걸쳐 성장성이 있을 것

창조형 기업가는 자신의 사업 영역을 어디에, 어떻게 정할 것인가 하는 것에도 강한 관심을 가지고 있다. 즉 창조형 기업가는 어떤 씨름판에서 어떤 씨름을 하는 것이 자신에게 유리한가에 중대한 관심을 가지고 있는 것이다. 어떤 씨름판에서 어떤 씨름을 할 것인가는 사업의 성공과 실패를 크게 좌우한다.

씨름판으로 비유한 것은 마켓 혹은 고객이다. 그곳은 자신이 가장 힘을 발휘하기 쉬운 마켓일 필요가 있다. 장, 단기적으로 보아 기업이 지속적으로 성공할 수 있는 가능성이 있어야 한다. 성공할 수 있는 사업 영역이란 기업가가 투자하는 경영 자원-사람, 자산, 돈, 정보, 시간-에 대한 수익이 양호한 분야다.

성공할 수 있는 사업영역에는 어떤 것이 있는가. 그 핵심 포인트를 살펴 보자.

우선 그 사업 영역이 장기간에 걸쳐 성장성이 있어야 한다. 언뜻 보기에 유망한 것 같은 사업 영역이라도 이미 성숙 단계에 들어간 것도 있는가 하면 저 성장 혹은 마이너스 성장에 들어간 것도 있다. 또 가까운 미래에는 소멸해 버릴 가능성이 있는 것도 있다.

성장성이 있는 사업 영역은 지리적으로 파악할 수 있는 것이 있는가 하면 그룹, 계층, 분야에 따라 파악할 수 있는 것도 있다. 즉 젊은층, 여성층 혹은 반도체, 바이오 테크놀로지라는 식으로 파악할 수도 있다. 일반적으로 '셔터 거리'라고 불리는 매출이 정체된 상점가를 보면 그곳의 상점이 취급하고 있는 상품과 비즈니스의 방법이 이미 시대에 뒤떨어져 노쇠기에 접어든 곳이 많다.

저 성장, 마이너스 성장 분야의 투자는 일반적으로 수익이 적고 '수고에 비해 얻는 것이 적은' 경우가 많다. 창조형 기업가는 그 것을 알고 있기 때문에 항상 성장 분야가 어디에 있는가를 알고자 하며 폭넓은 정보 수집 활동을 끊임없이 계속한다.

경쟁에 이기기 위한 강점을 가지고 있을 것

성공 가능성이 높은 사업 영역에서는 항상 경쟁이 치열하다. 성장 분야에는 누구나 관심을 갖기 때문에 유망 사업 분야라고 생각하면 그 영역에 사업자가 증가하게 되며 경쟁이 격화된다. 하지만 경쟁으로 인해 코스트가 저하하거나 제품에 품질이 우수해져서 오히려 수요가 확대되고 사업 영역도 확대되는 경우가 있다. 또 경쟁에 의해서 시장은 확대되는데 수익은 감소되는 경우도 있다.

경쟁에 이기기 위해서는 경영자의 리더십과 인재, 기술력, 영업력, 자금력, 정보력 등에서 경쟁사에 비해 우위에 설 필요가 있다. 경쟁 우위에 서기 위해서는 자신있게 내놓을 만한 상품이나 서비스가 경쟁사에 비해서 독특해야 하고 또 코스트 면에서도 우위에 있는 것이 중요하다.

이러한 사업 영역에서 성공하기 위해서는 그 기업이 경쟁사에 대해 강점을 가지고 있는 것이 중요하다. 다시 말하면 그 분야에서 승산이 없거나 적절한 수익을 얻을 가능성이 없으면 그 사업 영역에 진출하지 않는 것이 좋다.

이런 성장 분야는 변화가 많고 불투명하고 불확실한 분야이기도 하다. 따라서 리스크도 크다. 무슨 일이 일어날지 모르기 때문에 유연한 대응이 필요하다. 전통이나 상식, 관습, 굴레에 속박되어 있으면 변화에 대응할 수 없으며 불확실성 속에서 기회를 발견할 수도 없게 된다.

이런 분야에서는 '변화는 곧 기회'라고 생각하는 것이 중요하다. 변화를 적극적으로 이용하여 수익을 얻기 위해서는 리스크를 항상 각오해야 한다. 변화가 크면 클수록 리스크도 크다. 그러나 그 리스크를 극복하면 얻을 수 있는 수익도 커진다.

성장하는 사업 영역은 이익은 클지 모르지만 경쟁이 심해져 리스크도 크다. 따라서 성공하기 위해서는 우선 자신의 힘을 알아둘 필요도 있다. 그 분야에서 성공할 수 있는 능력은 과연 갖추고 있는지에 대한 자기 분석이 항상 요구된다.

기업 성장의 출발점은 사업 영역을 명확히 하는 것

힘을 최대한 발휘할 수 있는 영역을 정한다

성공할 수 있는 사업 영역을 자신의 씨름판이라고 할 수 있다. 이것을 자신의 인생에 적용해보면 보다 쉽게 이해할 수 있다. 자신은 어떤 생활 태도를 취할 것인가, 어디서 생활할 것인가, 농사를 지을 것인가, 공장에서 일할 것인가 혹은 매스컴인가, 관청인가 하는 식으로 자신의 생활 주변에서 다양한 분야를 생각해 보는 것도 좋은 방법이다.

그러면 창조형 기업가는 어떻게 발상하여 사업 영역을 정하는 것일까. 우선 성장성, 경쟁 상황, 수익률, 리스크를 체크한다. 그리고 또 하나 중시하는 것은 자신이 이용할 수 있는 경영 자원의 내용이다. 그 경영 자원 속의 '강점'과 '약점'을 잘 체크하여 강점을 최대한으로 발휘할 수 있도록 하는 것이다.

다각화하려면 사업의 '주체'를 확인한다

사업 주체가 확실하지 않은 상황에서 다각화에 주력하다가 경영 사정이 악화되는 회사가 흔히 있다. 버블의 시기에 여러 가지 영역에 손을 대서 최근 경영 재건에 고통스러워하고 있는 회사들이 많다.

사업 주체를 확고히 하고 나서 그 연관성을 검토하고 어떤 방향으로 다각화할 것인가를 결정하면 성공할 수 있다. 성공한 사업을 보면 다각화 사업은 사업 주체와 밀접하게 관계하고 있다. 이것은 개인 생활에서도 마찬가지다. 예를 들어 전직하는 경우에 자신의 씨름판은 무엇인가, 자신의 경쟁력은 무엇인가를 잘 확인하지 않으면 실패하게 되는 것이다.

시장(마켓)과 마케팅의 정의

* 시장 - '시장이란 한 제품에 대해 현실 또는 잠재 고객의 집합을 말한다. 시장의 크기(수요 수준)는 (1)그 상품에 관심이 있고 (2)구입하는 자원을 가지고 (3)그 상품을 얻기 위해 그 자원을 제공할 의사가 있는 사람의 수로 정해진다. 시장에는 수요별 시장, 제품별 시장, 인구 통계적 시장, 지역별 시장 등이 있다. 이것들은 반드시 구매력을 수반하는 것은 아니다.'

* 마케팅 - '마케팅이란 시장에서 수요와 욕구를 충족시키기 위한 잠재적인 교환을 현실화 하는 것이다.'

 **회사의 존재 이유를 명쾌하게 대답할 수 있는가**

회사는 왜 존재하는가

'회사는 왜 존재하는가' 라는 질문에 대해 당신은 명쾌하게 대답할 수 있는가.

필자는 기업의 연수회나 세미나 등에서 참가자 한 사람 한 사람에게 이 질문을 하고 있는데 그들이 드는 이유에는 주로 다음과 같은 것들이 있다.

- 좋은 품질의 상품을 만들고 있기 때문에.
- 적정한 가격으로 상품과 서비스를 제공하고 있기 때문에. 고객의 수요에 맞는 것을 팔고 있기 때문에. 섬세한 서비스를 하고 있기 때문에.
- 서비스가 좋기 때문에. 판매 방법이 뛰어나기 때문에. 훌륭한 종업원이 있기 때문에.
- 취급하고 있는 상품이나 서비스가 독특하고 타사보다 우수하기 때문에.
- 이익을 올리고 있기 때문에.
- 신뢰가 있기 때문에. 금융 기관과 양호한 관계를 유지하고 있기 때문에.
- 사장에게 리더십이 있기 때문에. 도전 정신이 있기 때문에.
- 사회에 공헌하고 있기 때문에. 기업의 사회적 책임 의식이 높기 때문에.

- 세금을 납부하고 있기 때문에. 주주에게 확실한 수익을 보장하고 있기 때문에. 안정적으로 배당을 지불하고 있기 때문에.

- 사회의 룰을 성실히 지키고 있기 때문에. 좋은 기업, 시민으로서 활동하고 있기 때문에.

- 회사의 이미지가 좋고 회사의 지명도도 높으며 회사를 신용해 주기 때문에.

- 종업원을 소중히 여기고 사장이 종업원에게 꿈을 주는 회사 정책을 항상 생각하고 실시하고 있기 때문에.

- 조직을 잘 구성되어 있기 때문에. 회사가 효율적으로 움직일 수 있도록 조직이 유연하고 권한이 적절하게 조직 구성원들에게 위임되어 있기 때문에.

- 항상 변화를 추구하고 있기 때문에. 미래에 무엇을 요구하고 있는가를 항상 의식하고 그에 대한 대응책을 생각하고 신제품의 개발 의욕이 높기 때문에.

- 주주를 소중히 하고 있기 때문에. 고객, 종업원뿐만 아니라 충분한 배당을 함으로써 주주도 대우하고 신규 사업에 대해 주주의 지지를 얻는 것이 용이하기 때문에.

- 납품업자를 소중히 하고 있고 납품업자와 거래처의 관계가 항상 양호하기 때문에.

- 항상 합리적으로 운영되고 코스트, 품질, 서비스가 경쟁적이기 때문에.

- 중점 관리를 잘하기 때문에. 목표와 방침이 정확하며 중요한 사안에 대해 경영 자원을 집중시키고 경쟁력 있는 분야

에서 승부하려고 노력하고 있기 때문에.

이와 같이 이유는 사람에 따라 가지가지다. 그 사람이 소속해 있는 회사의 규모, 업종, 업계에서의 위치와 역사 등에 의해서, 또 그 사람의 지위에 따라서도 다르다.

회사의 존재 이유를 의식하지 않고 계속 일하는 샐러리맨

앞에서 열거한 이유 중에는 회사 운영에 필요한 정책이 혼재되어 있으며 '회사는 왜 존재하는가' 하는 기본적인 이유에 대해서는 대답하지 않은 사람이 대부분이다. 말하자면 회사가 존재할 수 있는 이차적 이유가 많은 것이다.

대개 샐러리맨은 회사 근무에 익숙해지면 회사가 왜 존재하는가 하는 기본적 문제에 대해 생각하는 것을 잊어버린다. 근무 연수가 오래된 샐러리맨에게 질문을 하면 대부분의 사람은 자신이 속해 있는 직장의 주변에서 일어나고 있는 일 혹은 자신이 속해 있는 부문의 이익을 먼저 생각하는 경향이 있다.

물론 사람에 따라서는 그런 것은 전혀 의식도 하지 않고 오로지 직장에 다닌다. 회사가 존재하는 것은 '자신이 생활하기 위한 양식을 얻거나 혹은 과장, 부장, 중역이라는 위치에서 사회적인 평가나 명성을 얻기 위해서' 라고 생각하고 있는 사람도 있다.

"기업의 연구 개발 부문은 무엇 때문에 존재하는가" 하고 물으면 앞에서 기술한 답과 유사한 것이 나오는 경우가 많다. 그 회사에 입사한 이유를 과학자나 기술자에게 물으면 대부분의 사람이 "내가 좋아하는 연구를 할 수 있다고 들었기 때문에" 또는 "박사

논문을 쓰기 위한 연구를 하고 싶어서" 혹은 "학회에서 발표를 자유롭게 할 수 있으니까", "대학에는 없는 훌륭한 연구 설비가 갖추어져 있기 때문에"라고 대답한다.

　이런 대답의 이면에는 회사는 왜 존재하는가를 명확히 이해하려고 하는 의식이 거의 없다.

(26) 고객이 등을 돌리면 기업은 존재할 수 없다

철저한 마켓 지향의 창조형 기업가

'회사는 왜 존재하는가' 라는 질문에 대해서 창조형 기업가는 다음과 같이 명확한 대답을 한다.

"그것은 회사가 제공하는 상품이나 서비스를 고객이 사주기 때문이다. 고객이 상품이나 서비스를 사주지 않으면 회사는 쓰러져 버린다. 회사가 존재하는 것은 회사가 고객이 필요로 하는 상품이나 서비스를 제공하기 때문이며 게다가 수익을 올릴 수 있기 때문이다."

창조형 기업가는 이러한 사고방식이 기본에 깔려있기 때문에 항상 관심을 가지는 것은 마켓 혹은 고객의 욕구, 동향, 반응인 것이다.

고객의 욕구나 동향, 반응에 맞지 않은 행동을 취하거나 맞지 않는 상품이나 서비스를 제공하여 고객이 등을 돌리면 회사는 끝장이라는 생각을 한다. 다시 말하면 창조형 기업가의 관점과 행동은 고객 지향이며 마켓 지향인 것이다.

중요한 의미를 갖는 미래에 관한 정보

창조형 기업가는 고객이나 마켓을 선별하고 특정한 고객이나 마켓을 타겟으로 비즈니스를 전개한다.

그렇게 하기 위해서는 마켓의 동향과 고객의 수요에 대해서 정확한 정보를 파악할 필요가 있다. 그것도 현재뿐만 아니라 미래에 관한 정보가 대단히 중요한 의미를 갖는다.

미래의 마켓이 요구하는 것은 무엇인가, 그에 대응하려면 어떻게 해야 하는가, 그것은 대응할만한 가치가 있는 것인가, 그 마켓에서의 경쟁은 어떻게 전개될 것인가, 경쟁 상대는 누구인가, 경쟁 조건은 무엇인가에 관심을 갖게 된다. 또 관련 정보의 수집에 강한 관심을 보인다. 그리고 그 경쟁에 이기기 위해 가장 중요한 포인트는 무엇인가를 생각한다.

창조형 기업가가 이와 같이 여러 가지로 전략적 발상을 하는 것은 회사는 왜 존재하는가를 항상 생각하고 있기 때문이다.

비즈니스맨이 전략적 발상을 하는 경우에 자신의 회사가 왜 존재하는가, 어떻게 해야 할 것인가를 우선 생각해 볼 필요가 있다.

시장이나 고객의 동향을 주시하여
행동을 결정하자

시장 지향, 고객 지향과 상황 적응

기업 전략을 수립할 때 중요 포인트는 기업이 나가야 할 방향을 어떻게 정할 것인가 하는 것이다. 이것은 일반적으로 '영역' 혹은 '도메인'이라고 하는 것인데, 그것은 기업의 활동 분야이며 파고 들면 '시장' (마켓)이다. 어디에 활동 영역을 정할 것인가는 기업의 미래를 좌우하는 중대사이기 때문에 어떤 기업이라도 대단히 신중해질 것이며 그 결정은 바로 '전략적 결정'이라고 할 수 있다.

기업의 존립은 고객 혹은 시장을 전제로 하고 있다. 간단히 말해서 취급하는 상품이나 서비스가 팔리지 않으면 그 회사는 망해 버린다는 것이다. 기업의 운명을 결정하는 것은 바로 상품이나 서비스를 사주는 고객 외에는 아무 것도 없다.

창조형 기업가는 자신의 자본과 책임 하에 사업을 기획하고 추진한다. 그리고 투자한 자본이 최대한 수익을 내도록 하기 위해서 전력을 다한다. 따라서 잘 팔리는 상품이나 서비스 영역에 대해서는 특별한 관심을 갖는다.

그들은 투자 영역의 선정에 남보다 갑절의 주의를 기울이며 투자 후에도 그 시장의 동향에 대해서 감시를 게을리 하지 않는다. 항상 시장의 동향과 고객의 욕구에 눈을 떼지 않고 있다. 즉 창조형 기업가는 고객 지향적이며 시장 중심주의적이다.

창조형 기업가가 발상의 근거로 삼는 것은 시장이다. 시장을 근거로 자신들의 행동이나 영역을 결정하는 것이다. 전략적 발상의 원칙 중의 하나는 이와 같은 시장 지향과 고객 지향에 있다. 다시 말하면 전략적 발상을 시장이나 고객의 동향에서 구하는 것이다.

더 파고들면 자신이 놓여져 있는 환경=시장을 직시하고 그 변화에 대해 어떤 방향으로 나아갈 것인가를 먼저 생각한다. 이 발상을 시장 대응 혹은 환경 대응이라고 할 수 있다. 그리고 이와 같은 발상에 의거한 행동을 '상황 적응' 이라고 부른다.

변화에 적응할 수 없는 자기중심적인 발상

반대로 전략적 발상이 결여된 사람은 자기중심적인 발상을 하는 경우가 많다. 주위의 변화나 시대의 큰 흐름을 무시한 발상을 하고 행동을 한다. 그들은 '내 길을 간다' 고 내세우며 시대의 변화에 대응하여 자신이 변화하는 것도, 적응하는 것도 생각하려고 하지 않는다. 또 그들은 전통이나 상식, 관습, 굴레 속에 안주하는 것이 보통이다.

이런 발상을 하는 전형적인 사람들은 행정 기관의 공무원이나 대기업의 전문 경영인에게서 볼 수 있다. 이런 타입의 사람은 일상 업무의 유지나 개선과 개량에는 뛰어난 능력을 발휘하지만 시장의 변화에 대응하여 조직을 크게 변화시키는 것에는 관심을 보이지 않는다.

그들의 발상은 자기중심적이며 자신들의 조직과 기관, 제도를 중심으로 세상이 움직이고 있다고 생각한다. 수요가 공급을 상회하고 만들면 팔리는 시대, 즉 생산자 중심 시대의 전문 경영인은 시장이나 고객을 종종 잊어버리고 제도나 조직의 유지, 보전을 중시한다. 입으로는 변화를 주장해도 내심으로는 변화를 싫어하고 변화를 무시하려고 한다. 이와 반대로 창조형 기업가는 변화를 추구하고 변화를 직시하여 변화에 '기회'가 있다고 생각한다.

창조형 기업가는 새로운 것을 추구하며 뉴스에 큰 관심을 갖는다. 세계의 진주왕, 미키모토 코키치는 창조형 기업가의 전형이다. 그는 세계에서 처음으로 진주 양식 사업에 성공했다. 그는 평소부터 사회 변화에 큰 관심을 가지고 매일 뉴스에 주의를 기울이며 신문을 빠뜨리지 않고 구석구석까지 읽었고, 또 부하에게도 항상 뉴스를 보고하게 했다고 한다.

그에게는 세상의 변화를 알고 그 의미를 이해하며 변화 속에 기회를 찾아내는 특유의 전략적 발상이 있었던 것이다.

Q28 투자의 손익 계산이 전략적 발상을 연마한다

셀프 스타터형의 창조형 경영자

창조형 기업가에게서 볼 수 있는 특성 중의 하나는 셀프 스타터형 인간이라는 것이다. 셀프 스타터형 인간이란 '자기 스스로 엔진을 걸어서 움직이는 사람' 이다. 그들은 남의 지시를 받아 일을 하는 이른바 지시 대기형이 아니다. 스스로 목표를 설정하고 늘 새로운 것에 관심을 보이며 남의 지시를 받지 않아도 행동하는 사람이다.

그들은 선천적으로 적극적이고 정열적이며 아이들처럼 가만히 있지 못하는 성격이다. 대단히 활동적이며 생각나면 곧바로 행동에 옮기지 않으면 만족하지 못하는 사람이 많다. 더러는 주위 사람이 만류하지 않으면 곧바로 행동에 옮겨 오히려 돌이킬 수 없는 결과를 낳고 마는 사람도 있다.

창조형 기업가 중에 셀프 스타터형이 많다. 창조형 기업가는 대체로 많은 꿈을 가지고 있고 그 꿈을 어떻게든 달성하려고 최선을 다한다. 그 결과가 행동으로 나타나는 것이며 그 행동은 자발적인 것이다.

그리고 스스로 행동을 할 때는 막연히 행동하는 것이 아니라 목적과 목표를 정해서 행동하는 경우가 많다. 전략적 발상은 이 목적과 목표를 명확히 하는 것이 중요하다는 것은 지금까지의 설명에서 충분히 이해할 수 있으리라고 생각한다.

전략적 발상에서는 자신의 꿈을 명확히 하는 것이 중요하며 그 꿈을 달성하기 위해서 환경 조건=시장의 변화를 알고 시장 안에서 꿈을 실현시킨다고 하는 접근 방식이 중요하다. 따라서 꿈을 실현하기 위한 사업 영역이나 활동 방향을 명확히 정해야 한다.

투자와 투기는 다르다

어떤 분야와 영역에서 활동할 것인가는 그 기업의 성패를 결정한다. 선택 방법이 좋지 않으면 같은 노력을 해도 수익이 오르지 않고 기업의 성장도 불안하다. 창조형 기업가는 '기업 전략론'이라는 이론을 몰라도 몸으로 체득하고 있으며 경우에 따라서는 동물적인 감각에 의해 판단을 하기도 한다.

왜냐 하면 첫째는 자신의 꿈을 달성하려고 하는 강렬한 의욕이 존재하기 때문이다. 또 다른 이유는 손익 계산을 분명하게 하고 있기 때문이다. 자신이 투자하는 것을 가장 효율적으로 사용하여 자신의 꿈을 될 수 있는 한 유리한 조건에서 달성하려고 하는 손익 계산을 하고 있는 것이다. 누구라도 자신의 자금을 운용하는 경우에는 무엇에 투자하는 것이 가장 유리하고 안전한가를 우선 생각하고 투자 대상을 찾을 것이다. 그런 의미에서 전략적 발상은 누구나 할 수 있다고 할 수 있다.

'사업은 도박이다'라는 사람이 있는데 도박은 투기이며 투자가 아니다. 버블에 놀아난 많은 사람은 투기에 손을 댔다. 투자는 냉철한 계산에 의거해서 행해지며 리스크를 계산하게 된다. 이 리스크를 '예측 가능한 리스크'라 부른다.

도메인

　도메인이란 기업의 목적과 철학, 포지셔닝(positioning)을 나타내는 것이다. 기업의 목적은 조직이 수행하는 업무와 어떤 조직이 되고자 하는가를 규정한다. 그 기업의 철학은 사업을 추진할 때 기본적인 가치와 신념, 가이드라인을 설정한다. 포지셔닝은 제품과 시장에 관련하여 경쟁자에 대한 위치나 고객층(마켓 세그먼트), 고객 수요, 기술을 종합하여 제품 내지는 서비스를 잇는 공통된 링키지(linkage, 실)에 대한 견해를 준다.'

기획, 개발에는 마켓의 미래 예측이 필수적이다

기획과 개발에는 오랜 시간이 걸린다

시장에서 성공할 수 있는 상품과 서비스를 기획하고 개발하려면 실제로 어느 정도의 기간이 걸리는가.

신제품을 시장에 출시할 때까지의 프로세스는 기획하고 개발하는 상품이나 서비스의 종류에 따라서, 또 시장의 조건에 따라서도 변한다. 경쟁 조건과 고객이 요구하는 품질이나 서비스에 대한 조건 혹은 마켓의 지리적인 조건 등도 개발 기간에 큰 영향을 미친다.

그 기간은 통상 1개월이나 2개월 정도의 단기간에 이루어지는 것이 아니라 평균 3년 정도의 기간이 소요된다. 1년이나 2년인 경우도 있지만 이런 경우는 대개 오랫동안 여러 가지 측면에서 기획과 개발 활동을 계속해온 회사로 제로 상태에서 개발 활동을 시작한 것은 아니다.

첨단 기술 분야에서 상품의 기획과 개발에는 7년이나 8년까지 시간이 걸리기도 한다. 원자력 관련 제품은 10년 이상 소요된다고 한다.

일본에서 자동차 모델의 교체는 보통 3~4년마다 이루어지고 있다. 이것은 계속적인 개발 프로세스 하에서 모델 교체가 기획되어 있기 때문에 가능한 것이며 보통 새로운 차종을 개발하는 데는 7~8년 정도는 걸린다고 한다. 도요타 자동차가 미국 시장을 목표로 개발한 '렉서스'는 8년 걸렸고 닛산의 '인피니티'의 개발에도 비슷한 기간이 걸렸다.

예측을 그르치면 투자는 헛일이 된다

미국의 목재 회사를 방문했을 때의 일이다. 회사 지배인과 경기 동향에 대해 이야기를 하던 중 필자가 당시 경기가 좋지 않은 것을 개탄하면서 비즈니스의 앞날을 우려하자 그는 이런 이야기를 했다.

"당장 시장 상황이 나빠서 팔리지 않는다면 과감하게 양을 줄이거나 중지하는 방법이 있습니다. 그러나 우리에게 가장 어려운 것은 '현재의 경제 상황에 어떻게 대처할 것인가' 보다 앞으로 식목할 나무가 30년 후, 40년 후에 팔릴지 예견하는 겁니다. 30년 후에 팔리기 위해서는 어떤 나무를 심는 것이 투자에 적합한 것일까. 이 전망은 정말 어렵습니다. 나무를 심는 사람은 낙관적이고 인내심 강하게 30년 후, 40년 후도 내다봐야 하는 것입니다."

식목 사업은 기획, 개발에 가장 시간이 오래 걸리는 사업이다. 시장에 나무를 내놓으려면 30년, 40년도 더 걸린다. 그것은 무엇을 의미하고 있는 것일까. 신제품이나 새로운 서비스를 기획하고 개발하는 경우에는 출시되었을 때 시장 상황을 정확히 예측해 두어야 한다는 것이다. 이 예측이 잘못되면 모처럼 기획하고 개발한 상품이나 서비스도 팔리지 않는 것이다. 사업의 실패는 '예상이 빗나갔다' 라는 말로 쉽게 덮어 버릴 수 없는 것이다.

(30) 전략적 발상에는 '미래 전망'이 있다

미래를 전망하고 지금 무엇을 할 것인가를 생각한다

신상품이나 서비스의 기획과 개발에는 많은 시간이 걸리고 또 거액의 비용과 노력이 투입된다. 따라서 시장 환경 예측을 정확히 하지 않으면 사업 실패로 인한 손실은 헤아릴 수 없게 된다.

게다가 현대는 급격한 변화와 격동의 시대이며 시장 상황은 항상 크게 변하고 있다. 과거에는 시장 상황이 근본부터 변해버리는 일은 별로 없었기 때문에 시장을 예측하는 경우에 과거나 현재의 상황에서 미래의 상황을 예측할 수 있었다. 다시 말하면 과거나 현재의 연장선에서 미래도 존재한다고 생각하고 시장을 예측할 수 있었다. 그런데 오늘날에는 과거나 현재의 연장선에서 예측할 수 없는 것이 매우 많다.

이런 시대에는 어떻게 해야 하는가. 우선 미래를 전망해 보는 것이 중요하다. 미래에 관한 정보를 모아 미래의 세계를 자신의 손으로 그려보는 것이다. 5년, 7년, 10년 후의 세계, 시장, 경제, 사회 생활이라는 것을 전망해 본다. 그리고 거기서 현재를 돌아다보고 '과연 지금 무엇을 하면 될 것인가'라는 발상을 한다.

예를 들면 10년 후에는 레저 시간이 증대하고 소득도 세계 최고가 될 테니까 호화여객선으로 여행하는 부부가 증가할 것이다. 호화여객선의 건조와 그 운영 시스템을 생각한다.

창조형 기업가는 앞을 내다보고 지금 무엇을 할 것인가를 기획한다. 그 발상은 '과장되어 있는' 것 같은 인상을 주는 경우도 있다. 그러나 그 발상법은 전략적인 것이다. 전략적 발상에는 이 '미래 전망'이라는 특성이 있으며 대단히 야심적이다.

창조형 기업가는 때로는 사람을 놀라게 하는 큰 스케일의 사업을 무의식중에 입 밖에 내고 '사기꾼'이라 불리며 이단자 취급받는 경우도 있다. 대 기업가, 대 정치가라고 일컬어진 사람들의 발상에는 과장된 측면을 종종 볼 수 있는데 후세에 그 사람이 행한 큰 사업에 많은 사람이 경의를 표하고 있는 경우가 많다.

모든 전략은 예측에서 시작된다

대부분의 일본 회사는 예측 기능이 결여되어 있다. 이코노미스트를 두고 미래의 경제, 사회, 마켓의 변화를 체계적으로 예측하고 있는 곳은 거의 없다. 버블 경제의 붕괴를 예측하여 경영자에게 정확한 정보를 제공한 이코노미스트는 거의 없었다.

예측 기능이 없는 회사는 레이더 없이 전쟁하고 있는 것과 마찬가지다. 모든 전략은 예측에서 시작된다. 전략 실수는 예측 실수이기도 하다.

전략의 실수는 전술로 보완할 수 없다는 원칙을 다시 한번 강조해 두고자 한다.

4

창조형 인간의 경쟁 전략

상대와의 경쟁에서 어떻게 힘을 발휘할 것인가

(31 경쟁 없이 전략은 나오지 않는다

전략적 발상의 기본은 '경쟁'

전략적 발상을 하는 사람은 어떤 것을 의식하고, 무엇을 생각하고 있는 것일까.

창조형 기업가의 발상을 체크해 보면 전략적 발상법과 포인트를 알 수 있다. 전략이란 말이 보여주듯이 전략은 '전쟁'에 필요한 것이다. 비즈니스에서 전쟁은 '경쟁'이다. 전략적 발상의 기본은 싸우는 것, 즉 '경쟁'에 있다고 할 수 있다.

전략적 발상을 하는 사람은 항상 '경쟁'을 의식하고 있는 사람이기도 하다. 따라서 경쟁이나 전쟁이 없는 한 전략적 발상은 나오지 않는다. 평화의 시대, 즉 안정된 시대에 아무리 전략의 중요성을 역설해도 전략은 중요시되지 않는다. 경쟁이 치열하게 되거나 큰 전쟁을 해야 할 상황이 되면 자연스럽게 전략을 입에 담게 된다.

대기업이 오랫동안 독점 상태에 놓여져 경쟁 상대가 없으면 경영자도 어느 새 전략적 발상을 잊어버린다. 이렇게 되면 중요한 기업 전략도 수립하지 않고 전술적인 경영에만 전념하게 된다.

오랫동안 보호 규제되어 온 산업의 경우도 마찬가지다. 보호 규제된 산업에서는 '경쟁' 보다 '공존 공영' 을 도모하는 것이 중요하며 기존 테두리 속에서 자신의 영역을 지키고 일정한 룰에 의해 활동하면 된다.

일본의 농업에서도 그런 경향을 볼 수 있다. 일본의 농업은 오랫동안 보호 규제되어 왔다. 그 때문에 농민들은 일정한 테두리 속에서 오로지 쌀 생산에만 전념해 왔다. 하지만 이제 보호 규제가 없어지고 있다.

일본의 쌀 생산 농민의 대부분은 자신의 농사에 대한 전략이 없이 방향을 잃어버렸다고 해도 과언은 아니다. 그리고 현재까지 과거의 방식대로 열심히 노력하고 있는 것이 현실이다. 경쟁을 의식하고 경쟁에 대항하려고 하는 의욕과 전략 구축이 있었다면 오늘날의 쌀 생산 농업은 훨씬 변해 있지 않았을까 생각한다.

경쟁에 직면하여 다시 태어나는 조직

그러면 보호 규제가 없어지고 경쟁에 직면하면 어떻게 해야 하는가. 그것은 민영화된 국철(JR)과 일본 전신전화공사(NTT)의 변모된 모습에서 볼 수 있다. 민영화된 후 JR도 NTT도 여러 가지 새로운 정책을 잇따라 내놓고 사업 영역을 대폭 확대하고 있으며 과거의 사업방식을 크게 쇄신하고 있다.

두 기간 산업을 보면 양사 모두 너무나 서대하며 직접적인 위협을 주는 경쟁은 전혀 없는 상황에 있다고는 하지만 간접적인 경쟁 혹은 신규 참여, 새로운 분야에서 경쟁으로 인해 새로운 경영자에게는 전략적 발상이 요구되게 되어 있다.

같은 현상이 금융업계에도 일어나고 있다. 금융업무의 규제 완화는 은행과 증권회사 사이에 새로운 경쟁 의식을 일으키게 되었다. 금융업계의 재편성이 시작되고 지난 수년 동안 새로운 이름의 은행도 잇따라 생기고 있다. 금융업계는 원래 경쟁이 치열했지만 그 대부분은 전술적인 것이었다. 하지만 이제는 전략적인 경쟁(합병, 사업 영역, 독자적인 금융 상품과 금리)에 돌입하고 있다.

전략적 발상을 하려면 먼저 '경쟁'을 의식하는 것이 필요하다. 언제, 어디서, 누가, 무엇을, 어떻게, 왜 경쟁하고 있는가를 체크해 보면 된다.

③2 경쟁 상대가 누군가를 생각한다

경쟁 전략은 싸울 상대를 정해서 시작한다

'전략'은 '전쟁'이나 '싸움'을 전제로 한다. 싸우는 상대가 있기 때문에 '전략'이 있으며 싸우는 상대가 없다면 전략을 생각할 필요가 없다. 따라서 전략을 생각하는 경우 항상 싸울 상대를 생각하고 그 상대에게 가장 효과적이고 빠르게, 또 유리한 위치에서 이길 방법을 찾는 것이 중요하다.

전략적 발상을 하기 위한 기본조건은 싸울 상대를 명확히 파악하는 것이다. 기업의 경우에는 경쟁 상대가 어느 회사인가를 명확히 파악해야 하고, 샐러리맨은 직장에서 누구와 경쟁하고 있는가를 확실히 파악할 필요가 있다.

그런데 경쟁 상대가 명확하지 않다거나 잘못 짚거나 하는 경우가 있다. 때로는 전략을 입에 담지만 경쟁 상대를 전혀 의식하지 않고 있는 경우도 있다. 일반적으로는 경쟁 상대를 명확히 파악하는 것은 쉽지 않을 뿐만 아니라 경쟁 상대를 잘못 짚으면 터무니없는 결과를 초래하고 마는 경우도 있다.

동 업종 타사만이 경쟁 상대가 아닌 시대로

경쟁 상대로서 제일 파악하기 쉬운 것은 동 업송 타사다. 제지 회사의 경쟁 상대는 같은 업종의 다른 제지 회사가 될 것이고 컴퓨터 회사의 경우는 다른 컴퓨터 회사가 된다. 그러나 모든 것이 그렇게 간단하지 않다. 같은 업종의 타사 중의 A사인지 B사인지 혹은 A사, B사 모두 경쟁 상대인지 구체적으로 범위를 좁힐 필요가 있다.

자동차 회사의 경쟁을 자세히 보면 승용차로 경쟁하고 있는 경우가 있고 승합차나 미니 밴과 경쟁하고 있는 경우도 있다. 경자동차끼리 경쟁하고 있다고 생각했으나 진짜 경쟁 상대는 한 단계 위의 승용차거나 오토바이인 경우도 있다.

대부분의 사업은 성장하기 위해 끊임없이 새로운 시장으로 진출하고 신제품의 개발에 주력하고 있기 때문에 경쟁 상대를 단순히 '업계'로만 한정짓는 것은 위험하다.

앞으로 경쟁 상대는 동 업종 타사 외에 다른 업종의 회사가 될 가능성이 크다. 또 국내뿐만 아니라 국외에도 눈을 돌려보아야 한다.

33 '어제의 친구가 오늘의 적'이 되는 시대

다른 업종 간, 다른 품종 간의 경쟁

경쟁 상대가 언제나 명확하다고는 할 수 없다. 경쟁 상대라고 생각하고 있었는데 경쟁 상대가 아니었거나 경쟁 상대가 아니라고 생각하고 있었는데 경쟁 상대였거나 하는 뜻하지 않은 상황에 직면할 때가 있다. 현재의 경쟁 상대는 동 업종의 A사인지도 모르지만 2~3년 후에는 다른 C사가 될 가능성도 충분히 있다.

최근에는 다른 업종, 다른 품목간의 경쟁도 대단히 치열하기 때문에 보다 구체적인 파악이 필요하다. 알기 쉬운 예를 두 가지 들어보자.

제철 회사를 예로 들면 현재의 제철 회사는 단순히 제철 생산만 하고 있는 것이 아니다. 플라스틱도 만들고 컴퓨터 소프트웨어도 만들고 있다. 플라스틱 회사는 동 업종 타사만을 경쟁 상대라고 생각해서는 안 된다. 이제 제철 회사도 경쟁 상대인 것이다.

최근 아침식사에 콘플레이크를 먹는 아이들이 늘어나고 있다. 그 때문에 아침식사 시장에서의 경쟁은 쌀밥, 빵, 콘플레이크를 둘러싼 경쟁이 되고 있다.

유통에도 경쟁의 변화를 볼 수 있다. 예를 들면 최근까지 문구류를 팔고 있는 것은 문구점뿐이었기 때문에 문구점의 경쟁 상대는 다른 문구점이었다. 그런데 지금은 문구류를 백화점, 슈퍼, 할인매장, 편의점 등 여러 곳에서 팔고 있기 때문에 문구점의 경쟁 상대도 그만큼 다양해져 있다.

또 항공 회사의 강력한 경쟁 상대는 신칸센이다. '노조미(신칸센 이름. 예를 들면 새마을호, 무궁화호라는 식-역주)'의 등장에 의해서 도쿄-오사카간은 2시간 30분이 되었고 비행기보다 신칸센 쪽이 유리하게 되었지만 항공회사도 '노조미'에 대항해서 값싼 셔틀 편을 운항시켜 경쟁 조건은 다시 역전할 조짐도 있다.

해외에도 퍼져 가는 경쟁 상대

또 경쟁 상대가 항상 자신의 주위에만 있다고 생각하는 것도 위험하다. 경쟁 상대는 의외의 곳에도 있는 것이다. 쌀 농사의 경우 국내 시장의 경쟁보다는 미국, 타이, 오스트레일리아 등 외국과의 경쟁이 문제가 된다. 정도의 차이는 있어도 일본 대부분의 기업이 국제적인 경쟁 속에 있다 해도 과언은 아니다.

이와 같이 경쟁 상대를 명확하게 파악하기가 쉽지 않다. '어제의 적은 오늘의 친구'라는 말이 있지만 '어제의 친구가 오늘의 경쟁 상대'가 될지도 모르는 것이다.

(34 경쟁 시장, 경쟁 수단을 생각한다

'무엇과' '어디서' 경쟁하는가를 파헤친다

누가 경쟁 상대인가를 파악하고자 할 때 '무엇'과 '어디서' 경쟁하는가를 생각해야 한다. 상품의 디자인인가, 성능인가, 품질인가, 유통인가, 광고인가, 인재인가, 금리인가, 공급력인가를 세밀하게 분석해 볼 필요가 있다. 또 어떤 장소(마켓)에서 어떤 경쟁을 하고 있는가를 파헤쳐 보는 것도 중요하다.

이렇게 세밀하게 분석하다 보면 경쟁에서 이기기 위한 포인트도 발상할 수 있게 된다. 이것이 전략적 발상의 출발점이 되는 것이다. 경쟁 상대에 대해서 혹은 경쟁 그 자체에 대해서 무엇과, 어떻게, 언제라는 식으로 분석하여 파헤쳐 가면 전략적 발상의 범위가 나오게 된다.

경쟁이 없는 '니치'의 발견과 활용

경쟁 상대와 경쟁 그 자체에 대해서 분석하는 과정에서 경쟁이 없는 혹은 경쟁이 적은 마켓을 발견하는 경우가 있다. 이와 같은 마켓을 '니치(Niche, 틈새)'라고 한다. 니치는 경쟁도 적고 큰 이윤을 얻을 수 있기 때문에 종종 독점의 혜택을 얻을 수 있다.

전략적 발상의 포인트 중의 하나는 '니치'의 발견과 활용에 있다. 남이 하지 않은 것을 한다는 발상과 상통하는 것이다. 중소기업 중에는 대기업에 못지 않은 실적을 올리고 있는 회사가 있는데 그런 회사들은 독자적인 기술과 시스템을 개발하여 대기업이 진출하고 있지 않은 니치에서 활로를 찾아내고 있는 것이다.

전략적 발상을 하는 사람은 경쟁 상대를 찾으면서 실은 경쟁이 없는 니치를 찾고 있다고도 말할 수 있다. 그러나 경쟁이 없는 니치도 유망한 마켓이라면 시간이 지나면 경쟁 상대가 나타날 것이다. 그래서 독점적인 기술이나 아이디어로 끊임없이 자사의 우위을 확보하는 노력이 필요하게 된다.

전략적 발상으로 차지한 니치를 계속 지키려면 그 나름의 노력도 필수적이다.

(35 전쟁에서 적을 쓰러뜨리기 위한 전략적 행동

전력 증강이 군대의 숙명

원래 전략은 전쟁을 승리로 이끌기 위한 병법에서 생겨났다. 전쟁 상대에게 이기려면 어떻게 하면 될 것인가. 전황을 가장 우세하게 이끌기 위해서는 무엇을 해야 하는가. 그 기본적이고 결정적인 수단이 전략이다.

이때 군사 전략가들이 항상 생각하는 것은 무기와 군대의 질과 양이다. 그것이 적보다 압도적으로 우위에 있다면 전쟁에서 반드시 이긴다고 생각한다. 따라서 항상 군은 타국의 전력보다 우위에 서기 위해 끊임없이 전력을 증강하려고 한다.

냉전 시대 소련은 미국의 전력보다 우위에 서기 위해 전력 강화에 엄청난 비용을 들였다. 그 결과 군사비는 국가 예산의 35퍼센트 이상이 되었고 나라의 경제력은 크게 약화되고 말았다. 그 때문에 소련이 페레스토로이카를 수행하게 되었다는 의견도 있다.

전쟁에서 이기기 위해서는 적보다 전력 면에서 우위에 서야 한다는 전략의 원리는 각국을 군비 확장 경쟁으로 몰아갔다. 그 결과 보다 우수한 무기의 개발이 이루어졌다. 그러나 미국과 소련의 군비 확장은 결국 소련의 붕괴로 이어지고 동서 냉전 시대의 종지부를 찍게 되었다.

그런 세계적인 변화 속에서 1991년에 중동 걸프전이 일어났다. 다국적군의 전략은 바로 교과서 그대로였다. 다국적군의 전력은 공군력과 미사일로 이라크를 압도했다. 그래서 공군력의 차이를 이용하여 이라크의 군사상의 중요 거점을 철저하게 공격하는 전략을 폈다.

2003년 미, 영 동맹군의 이라크 침공작전도 마찬가지다. 모래폭풍으로 인한 동맹군의 고전, 시가전 등으로 장기전이 될 것이라고 예상했으나 예상과는 달리 전쟁은 단기간에 끝났다.

전쟁의 전략은 고도의 기밀 사항

전쟁의 전략을 제삼자의 입장에서 바라보고 있으면 대충 그 모습을 파악할 수 있지만 실제로 구체적인 계획은 파악하기 힘들다. 그것은 전략의 내용이 고도의 기밀 사항이기 때문이다.

기자 회견에서 전황 설명을 할 때 중요한 부분에 이르게 되면 기자의 질문에 대해 핵심을 빗겨나간 대답밖에 하지 않는 것을 볼 수 있다. 미, 영 동맹군이 어떤 전략을 쓸 것인가에 대해 많은 매스컴이 전한 것은 군사 전문가들에 의한 추측의 범위를 벗어나지 못했다.

마찬가지로 이라크가 매스컴에게 발표한 전략도 실제로는 불명확했고 믿을 수 없는 점이 많았다. 그것은 진짜 전략을 발표하지 않기 때문이다.

'모략' 이라는 말이 있다. 이것은 거짓 전략을 상대에게 마치 이쪽의 진짜 전략인 양 믿게 하는 정보 전략이다. 이라크가 발표하고 있는 것들 중에는 이런 수법이 많았다. 전략이라는 것은 본래 극비이며 상대에게 이쪽의 전략을 알지 못하게 하는 것이 중요하다. 그 때문에 마치 그것이 진짜 전략적 행동이라고 믿게 하는 기만작전을 구사하는 것이다.

기만작전에 넘어가고 모략에 빠져서 적의 진짜 전략을 잘못 판단하는 바람에 싸움에 패한 예는 많이 있다.

최고 기밀의 기업 전략

회사의 기업 전략은 가장 중요한 기밀이다. 대기업에서도 상층부의 불과 몇 명밖에 모르는 경우가 많다. 사람들 앞에서 태연히 기업 전략을 입에 담고 있는 사람을 보게 되는 경우가 있다. 이것은 그 사람이 전략이 무엇인지 모르거나 입에 담고 있는 것이 진짜 전략이 아니라는 것이다. 공공연하게 발표하고 있는 기업 전략은 별로 의미가 없는 것이다.

36 상대를 기만하는 '양동작전'으로 우위를 차지한다

전쟁에서 사용하는 양동작전

일반적으로 전략은 비밀 중의 비밀이다. 경쟁 상대에게 이쪽 전략이 알려지면 상대가 방해하거나 앞질러서 전략의 수행이 곤란해지기 때문이다.

전략이 알려지지 않도록 하려면 전략이 새나가지 않도록 비밀 파일에 넣어두는 것이 가장 좋다고 하지만 그것만이 전부가 아니다. 전략적 발상을 하는 사람은 자신의 전략이 알려지지 않도록 하기 위해 여러 가지 수단을 쓴다.

첫째는 양동작전이다. 이것은 의미 있는 듯이 이상한 말을 하는 행위라고도 할 수 있다. 상대에 대해서 거짓 전략을 마치 진짜 전략인 양 생각하게 하는 행동이다. 경쟁 상대는 양동작전에 걸려들어 그것이 진짜 전략이라고 믿고 그에 대응한 행동을 하다가 실패하게 된다.

양동작전은 전쟁에서 많이 사용되었다. 제2차 세계대전에서 연합군이 유럽 상륙 작전을 전개하면서 양동작전을 펼쳤다. 연합군이 어디에 상륙할 것인지 알려지지 않게 하기 위해 상륙 지점이 아닌 곳에 마치 주력군을 상륙시키려는 것 같은 작전을 펼쳤다. 그리고 상륙할 지점을 철저하게 폭격하고 해군력을 집결시켰다. 독일군은 양동작전에 걸려들어 상륙 작전에 대항할 준비를 충분히 갖출 수 없었다.

롬멜 장군이 그것을 알아채고 독일군에게 출동을 명했지만 이미 때는 늦었다.

2003년 미, 영 동맹군에 의한 이라크 공격에서도 마찬가지 작전을 볼 수 있었다. 전쟁에서는 항상 양동작전이 행해지기 때문에 이것을 꿰뚫어보는 것이 중요하다.

거짓 정보를 흘려서 경쟁 상대를 혼란시킨다

전쟁에서는 상대를 기만하고 이쪽의 계획이 알려지지 않게 하기 위해 여러 가지 수단을 사용해 왔다. 그중에 적을 속이기 위한 거짓 정보를 흘리는 경우는 너무나 많다. 전파를 사용하여 대규모로 가짜 정보를 흘리거나 공작원을 적군의 배후에 침투시켜 여러 가지 가짜 소문을 흘려 적의 판단을 혼란시키기도 한다.

비즈니스 활동에서도 양동작전을 펼치는 경우가 있다. 신제품을 팔기 시작하는 경우 제품명을 모르게 하는 경우가 있다. 한정 제품을 내놓고 시장의 반응을 보고 나서 신제품을 출시하는 것이다. 전략적 발상을 하는 비즈니스맨은 큰 전략을 수행할 때는 양동작전을 생각한다. 정보를 넌지시 누설함으로써 마치 진짜인 양 '가짜 엉터리 정보'가 매스컴에 등장한다.

경쟁 기업의 전략 조사를 담당하고 있는 사람은 가짜 기업 정보 스크랩을 앞에 놓고 열심히 고민하게 된다.

전쟁은 사람을 거짓으로 속이는 데 있다

손자병법에 '전쟁은 사람을 거짓으로 속이는 데 있다'는 말이 있다. 전쟁에서 상대을 속이는 것의 중요성을 역설하는 것이다.

"전쟁은 사람을 거짓으로 속이는 데 있다. 고로 능력이 있어도 능력이 없는 체하고, 필요해도 필요 없는 체하고, 가까워도 먼 것처럼 보이고, 멀어도 가깝게 보이게 하고, 아군의 예기를 충분히 양성하여 피로해진 적병과 싸우게 하고, 적의 무방비 상태에서 공격하게 한다."

37 승리를 이끄는 '기습'과 '선제 공격'

의표를 찌른 공격에 승산이 있다

자신의 전략을 알려지지 않게 하면서 경쟁에서 우위에 서기 위한 두 번째 방법은 기습을 하는 것이다. 손자 병법에 '정(正)으로서 합치고 기(奇)로서 이긴다'라는 말이 있는데 기란 기습 작전을 말한다.

기습이란 상대가 '설마'하고 생각하는 순간에 공격하는 것이다. 뜻하지 않은 '때', 뜻하지 않은 '장소'가 기습의 포인트인데 뜻하지 않은 '수단'도 사용한다. 기습을 하려면 상대가 '그런 일은 일어날 수 없다'고 생각하고 있어야 한다.

기습에서는 적의 의표를 찌르는 것이 포인트다. 대부분의 전쟁에는 기습이 따라다닌다. 일본군의 진주만 공격은 미국 정부의 의표를 찌른 기습 공격이었다. 당시 미국 정부에서 '그런 일은 일어날 수 없다'고 방심하고 있었던 것이다.

비즈니스 경쟁에도 기습은 있다. 그 회사가 이 사업 분야에 진출해 올 것이라고는 생각하지 않았다던가, 저 회사의 신제품은 업계의 상식을 깬 것이라는 얘기를 자주 듣는다. 그런 신제품은 소비자 자신도 알아채지 못한 잠재적 수요를 끌어내서 폭발적인 히트 상품이 된다. 그 배후에는 탁월한 기술력과 마케팅 능력이 있으며 한 마디로 훌륭하게 소비자의 의표를 찌른 것이다.

또 택배나 이사 서비스 등 기존 비즈니스의 틈새를 잘 메운 니치 비즈니스도 업계나 소비자의 의표를 찔러 성공했다고 말할 수 있다.

최근 국제적인 기업 인수나 제휴가 크게 늘고 있다. 그중에도 의표를 찌른 것이 많다. 소니의 콜롬비아 픽처 인수는 그 한 예다. 또 작은 회사가 큰 회사를 매수하는 경우도 있다. M&A가 성행한 80년대 말에서 90년대 초에 걸쳐 그런 케이스를 많이 볼 수 있었고 '작은 물고기가 큰 물고기를 삼켰다' 라는 표현도 자주 사용되었다.

그러면 어떻게 하면 의표를 찌르는 행동을 할 수 있을까. 그것은 앞에서도 설명한 상식, 전통, 관습에 도전하는 것이다. 대부분의 사람들은 상식이나 전통, 관습에 따라 행동하기 때문에 이들의 테두리나 규제에 사로잡히지 않는 행동을 하면 의표를 찌를 수 있는 것이다.

의표를 찌르는 행동을 하려면 창조적인 발상이 필요하다. 누구나 생각한 일이 없는 계획을 세우려면 창조적인 발상이 필요하며 아이디어가 없으면 안 된다. 뭔가 새로운 것을 해내려고 하는 패기와 기성 개념에 사로잡히지 않는 발상과 많은 정보, 지식, 착상, 감, 창조력을 발휘하게 하는 풍토가 필요하다.

선수를 쳐서 단숨에 승부를 결정한다

경쟁에서 우위에 서는 제3의 방법은 항상 선수를 치는 것이다. 항상 공격적인 입장에서 상대가 공격하기 전에 먼저 손을 쓰는 것이 중요하다.

경쟁에서 선수를 빼앗기면 경쟁 상대를 뒤쫓으려고 안간힘을 다하게 되고 상대의 전략을 읽을 여유가 없게 된다. 항상 경쟁에서 앞선 기업은 일반적으로 정보력, 예측 능력, 개발 능력이 뛰어나다. 업계의 리더가 되면 다른 경쟁 기업은 항상 이 리더 기업의 뒤를 쫓는 이른바 이류 기업이 되는 것이다.

항상 선수를 치는 기업은 대개 공격적이다. 공격을 취하는 것이 방어하는 것보다 유리할 때가 많다. 공격할 때는 상대의 약점을 확인하고 자신이 가진 자원을 집중시키는 것이 중요하며 이것을 게을리 하지 않으면 대체로 성공한다. 물론 사전에 경쟁 상대와 자신의 전력의 차이를 충분히 계산해 두는 것이 중요하며 이것을 게을리 하거나 무시한 공격은 헛수고에 그치게 된다.

제2차 세계대전의 일본군이 그 좋은 예다. 최초로 공격을 취하여 서전에서는 이겼지만 연합군의 전력을 충분히 확인하지 않았기 때문에 결국은 패하고 말았던 것이다.

38 경쟁 상대의 정보를 수집하여 '차별화' 한다

경쟁 상대의 전략을 파악하는 첩보 활동

전략은 본래 라이벌을 염두에 두고 전개하는 것이며 적에게 알려지지 않도록 하는 것이다. 뒤집어 말하면 적의 진짜 전략을 아는 것이 싸움에서는 대단히 중요하다.

손자병법에 '적을 알고 나를 알면 백전 백승'이라고 했다. 늘 알고 있는 사실이지만 의외로 쉽게 잊고 있는 것이다.

그러나 적의 전략을 안다는 것은 결코 쉬운 일이 아니다. 대단히 어렵기 때문에 그것을 알기 위한 정보 활동을 활발하게 한다. 그것이 '첩보 활동'이다. 하이테크 시대의 전쟁에서는 군사 정찰 위성이 위력을 발휘하게 되고 기업 간에서는 서로의 기업 비밀을 둘러싸고 스파이와 같은 첩보 활동도 하게 된다.

기업에 따라서는 경쟁 상대의 전략을 항상 감시, 조사하는 담당자를 두고 있다. 공장의 상황을 조사하기 위해 헬리콥터를 띄워서 하늘에서 사진 촬영을 하거나 기술 연구소의 입구에 카메라를 설치하여 어떤 사람이 드나들고 있는가를 모니터에서 확인하고 있다는 소문도 있다.

이런 짓을 하지 않아도 사보, PR지, 신문 기사, 경영 간부의 발언 등을 분석하면 그 기업이 어떤 기업 전략을 수행하려 하고 있는가를 어느 정도 파악할 수 있다고 하는 기업 정보 담당자도 있다.

미국 대학 중에는 산학 제휴로 '재팬 연구센터'를 설치하여 일본 기업의 세부 사항을 철저히 연구하는 스태프들이 기업별, 항목별로 두꺼운 파일을 작성하고 있는 학교도 있다. 유감스럽게도 이와 같은 연구를 하고 있는 대학은 일본에는 없는 것 같다.

'차별화'는 강력한 전략적 무기

전략적 발상은 이와 같이 경쟁 상대를 항상 염두에 두는 것이며 경쟁 상대에게 이긴다는 것이 그 전제가 된다. 어떻게 하면 이길 수 있을까, 이긴다는 것은 어떤 것일까 라는 것은 그 경쟁 분야에 따라서 다르다.

비즈니스에서 경쟁 상대에게 이긴다는 것은 어떤 것인가를 생각해 보면 전략적 발상도 나오게 된다. 그 하나는 '차별화'다. 경쟁 상대와 차이를 벌리자고 하는 발상이다.

현재 기업이 가장 주력하고 있는 것을 제품이나 서비스에서 차별화하는 것이다. 그래서 신제품이나 새로운 서비스의 개발 경쟁이 활발해진다. 경쟁 상대보다 빨리 차별화 한 제품과 서비스를 시장에 내서 우위를 차지하는데 기업들은 전력을 다한다.

신제품과 새로운 서비스로 경쟁 상대보다 우위를 차지하면 매출액을 급속히 시장시킬 수 있다. 아사히 맥주는 '슈퍼 드라이'를 개발하여 업계 정상이었던 기린 맥주를 위협했고 카오(화장품 회사명-역주)는 새로운 세제 '어택'을 개발하여 세제 시장에서 경쟁 상대 라이온보다 우위를 차지하게 되었다. 이와 같은 신제품 개발 경쟁의 예는 한없이 많다.

그러면 가격 경쟁은 왜 일어나는가. 그것은 판매하는 상품이나 서비스에 독창성이 없고 차별화 되어 있지 않기 때문이다. 주유소에서 볼 수 있는 가격 경쟁은 휘발유 자체에 차이가 없기 때문에 일어난다.

상품의 압도적인 차별화는 기업이 시장에서 우위를 차지하게 하는 강력한 무기인 것이다. 따라서 기업가의 전략적 발상은 압도적인 신제품과 신상품 개발로 향하게 된다.

39 상대의 약점을 찾으면 승기가 보이게 된다

어떤 경쟁 상대에게도 반드시 약점이 있다

경쟁 상대를 생각하는 경우 그 경쟁 상대와 언제, 어디서, 무엇으로, 어떻게, 왜 싸우는가를 명확히 하면 전략적 발상이 용이해진다.

상대가 누구인가를 파악하고 나서 어디서, 어떻게 싸울 것인가 그리고 어떻게 하면 이길 것인가 하는 경쟁의 조건을 명시해 본다. 그렇게 하면 어떤 것이 경쟁의 중요 포인트가 될 것인가가 명확해진다.

이 경우 그것을 단순히 머릿속에서 그리기만 하지 말고 항목마다 시계열적(時系列的, 어떤 현상의 시간적 변화를 관찰하여 얻은 값의 계열-역주)으로 열거해 보면 좋다. 전략 수립에서는 적을 아는 중요성이 강조된다. 적을 알기 위해서는 우선 '적'을 명확히 하고 동시에 적의 무엇을 알아야 할 것인가를 정확히 파악하는 것이 중요하다. 물론 그때는 상대에 관한 정확한 조사 활동에 의거한 정보 수집이 필수적이다.

경쟁 상대에게 빠르고 효과적으로 이기기 위해서는 경쟁 상대에 관한 철저한 연구가 필수적이지만 단지 연구만 하면 되는 것은 아니다. 이때 상대의 약점을 발견하는 데 초점을 맞춰야 한다. 전략적 발상에서는 어떤 경쟁 상대에게도 반드시 약점이 있을 것이라고 생각한다. 그리고 약점을 발견하여 그것을 공략하면 승리할 수 있다고 생각한다.

상대의 약점에 자신의 강점을 부딪친다

일반적으로 경쟁 상대를 연구할 때 빠져들기 쉬운 경향은 상대의 강점에만 눈이 가서 도저히 이 상대에게는 이길 수 없다고 믿어버리는 것이다. 그러나 경쟁 상대와 어지간한 차이가 없는 한 상대의 약점을 찌르면 상당한 성과를 올릴 수 있다. 물론 경쟁 상대의 약점이 진짜 약점인지 그것이 승리로 가는 돌파구가 될 것인지를 잘 살펴보는 것이 매우 중요하다. 또 언뜻 보기에 강점이라고 생각되는 것이라도 세심하게 분류하고 분석해 보면 거기에 뜻밖의 약점이 숨겨져 있는 경우도 있다. 베트남 전쟁에서 미군의 패인은 바로 베트콩이 미군의 약점-게릴라전-을 공략했기 때문이다.

전략적 발상을 하는 사람은 자신의 강점을 살리고 상대의 약점

을 집중적으로 공략해서 이기려고 한다. 씨름을 보고 있으면 이것이 분명해진다. 씨름 선수는 서로 상대의 약점을 철저히 탐색하여 상대의 약점에 자신의 강점을 부딪쳐 간다. 상대에게 자신의 약점이 잡히지 않도록 공격을 취한다. 이런 전법이 씨름 세계에서는 기본 룰이 되어 있다. 이것은 비즈니스의 세계에도 적용된다.

공격하여 반드시 빼앗으려면
지키지 않는 곳을 공격하면 된다

손자병법에 '공격하여 반드시 빼앗으려면 지키지 않는 곳을 공격하면 된다'는 말이 있는데 이것은 약점을 공격하는 중요성을 역설하고 있다.

"적군이 질주하지 못할 곳으로 진격하고, 적군이 생각지도 않은 곳으로 달려 나간다. 천리를 행군하고도 피로하지 않음은 적이 없는 곳으로 진군하기 때문이요, 공격하여 반드시 빼앗음은 적이 지키고 있지 않은 곳을 공격하기 때문이며, 수비하여 반드시 지킬 수 있음은 적이 공격해 오지 못하는 곳을 지키기 때문이다. 그러므로 공격을 잘하면 적군은 어디를 지켜야 할지를 모르고, 또한 수비를 잘하면 적은 어디를 공격해야 할지를 모른다. 미묘하고도 미묘하도다! 이런 군대는 형태가 보이지 않는 경지에 이른다. 신비하고도 신비하도다! 이런 군대는 소리가 들리지 않는 경지에 이른다. 그러므로 능히 적의 생사를 맡아 다스리게 되는 것이다."

(40 자신의 강점을 연마하고 최대한 발휘한다

중요한 것에만 정력, 시간을 집중한다

전략적 발상을 하는 사람은 평소의 업무 수행에 있어서는 어떤 발상을 하는가. 이것을 생각하고 비즈니스 활동에 응용해 보면 좋을 것이다.

그 하나는 중점 항목을 골라서 중요한 것부터 업무 처리하도록 주의하는 것이다. 그들은 중요한 것에 자신의 에너지, 시간, 돈, 정보, 지혜를 집중한다.

매일 업무를 처리해 나가는데 있어서 오늘 해야 할 일을 열거하고 중요한 것부터 순서대로 처리해 나가면 업무가 효과적으로 처리되고 좋은 실적을 올릴 수 있다. 이것저것 모두 광범위하게 빈틈없이 처리하려고 하지 말고 중요한 것만 자신의 정력, 시간을 집중하면 시간을 효과적으로 활용할 수 있게 된다.

스스로 오늘, 이번 주, 이번 달, 금년에 중요한 것은 무엇인가, 무엇을 하는 것이 가장 가치가 있는가를 생각하도록 하라. 그러면 중요한 것이 무엇인가를 평소에 생각하는 습관이 생겨서 중점 항목에 집중할 수 있게 된다.

단점을 보완하기보다 강점을 살린다

두 번째는 자신의 강점을 살리는 것이다. 자신이 자신 있게 할 수 있는 것이 무엇인가를 확인하여 그것을 업무에 활용하면 효과적으로 업무를 처리할 수 있다.

자신이 경쟁에 이기기 위해 필요한 것은 상대가 가지고 있지 않은 강점을 활용하는 것이다. 일반적으로 말하면 강점을 발휘하거나 살리는 것은 비교적 용이한 것이지만 약점을 시정하거나 단점을 보완하여 경쟁하려고 하면 대단한 노력과 에너지가 필요하게 된다.

　전략적 발상을 하는 사람은 타인과 똑같은 능력을 가지려고 하지 않는다. 그들은 타인과 다른 능력, 자신이 아니면 가질 수 없는 능력을 가지려 하는 것이다. 그리고 남과는 다른 분야에서 자신의 자랑으로 여기는 능력을 최대한으로 발휘하려고 한다.

(41 인구 감소로 지역 간 경쟁, 도시 간 경쟁이 시작된다

계속 감소하는 일본의 인구

앞에서 이제 지역 간, 도시 간의 경쟁 시대가 된다고 설명했다. 지난 몇 년간 지역 개발, 지역의 활성화 혹은 신도시 조성이 대단히 활발하게 이루어져 왔다. '지방 시대'라는 말이 나온 지 상당한 시간이 지났지만 이제 겨우 그 모습을 보게 된 것인지도 모른다. 앞으로도 이런 활동은 점점 활발해질 것이고 거기에는 전략적 발상이 강하게 작용하게 될 것이다. 아니, 지역 개발과 지방의 활성화에는 전략적 발상이 필수적이라고 할 수 있다.

지방 시대에 전략적 발상이 필수적이게 된 주요한 이유는 앞서 설명한 대로 일본의 인구가 급격히 감소하고 있기 때문이다. 인구통계학자들의 의견에 따르면 2006년경에는 일본의 인구는 피크에 달해 그후부터 감소해 간다고 한다. 산간뿐만 아니라 도시에서도 인구가 감소하기 시작하여 여러 분야에 그 영향이 나타날 것이라고 한다.

인구 감소와 관련해서 두 가지 문제가 있다. 하나는 고령화 비율이 급속히 높아진다는 것이다. 고령화 비율이란 65세 이상의 인구가 전체 인구 중에 차지하는 비율을 말하는 것인데 21세기 초에는 일본에서 4명 중의 한 명, 즉 고령화 비율이 25퍼센트에 이를 것이라고 한다. 현재도 10명 중의 한 명은 고령화가 되어 있으며 100세 이상의 장수하는 노인도 점차로 증가하고 있다. 선진국

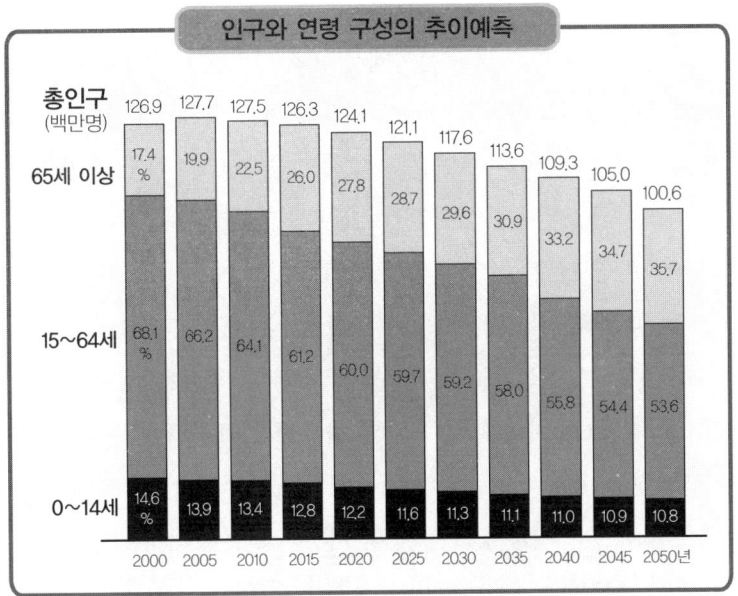

인구와 연령 구성의 추이예측

총인구(백만명): 126.9 / 127.7 / 127.5 / 126.3 / 124.1 / 121.1 / 117.6 / 113.6 / 109.3 / 105.0 / 100.6

65세 이상(%): 17.4 / 19.9 / 22.5 / 26.0 / 27.8 / 28.7 / 29.6 / 30.9 / 33.2 / 34.7 / 35.7

15~64세(%): 68.1 / 66.2 / 64.1 / 61.2 / 60.0 / 59.7 / 59.2 / 58.0 / 55.8 / 54.4 / 53.6

0~14세(%): 14.6 / 13.9 / 13.4 / 12.8 / 12.2 / 11.6 / 11.3 / 11.1 / 11.0 / 10.9 / 10.8

2000 2005 2010 2015 2020 2025 2030 2035 2040 2045 2050년

에서는 대체적으로 고령화가 급속히 진행되고 있는데 특히 일본에서는 그 속도가 대단히 빠르다.

또 하나는 노동 인구(18세에서 60세까지)가 감소하기 시작한다는 것이다. 현재는 노동력 과잉이 문제가 되고 있지만 조만간 노동력 부족이 문제가 된다. 일본 경제가 다시 성장 궤도에 오르기 시작하면 노동력의 공급이 부족하게 된다. 그래서 노동 인구의 신장은 앞으로 5년 후가 되면 제로가 되며 마이너스로 감소하기 시작한다. 고령화가 진행되어 노동 인구가 감소하면 일손 부족 상황은 심각해진다.

새로운 과소화를 어떻게 억제할 수 있는가

지금도 지역 혹은 개별 분야에서 보면 여러 가지 놀랄만한 현상이 나타난다. 지역에 따라서는 고령화 비율이 대단히 높은 곳이 있다. 농촌에서 일하고 있는 사람의 평균 연령은 현재 60세이고 젊은층은 극소수다. 이런 추세로 5년만 지나면 농촌에서 일하는 사람의 평균 연령은 70세, 10년 후에는 75세가 될 수도 있다.

고등학교 입학은 예전처럼 어렵지 않게 되었다. 지방에서는 정원이 미달되는 고등학교가 속출하고 있고 그중에는 폐교될 고등학교의 건물에 대해 다른 용도의 사용을 검토하고 있는 곳도 있다. 대학도 마찬가지로 입시 전쟁의 시대는 끝나간다. 명문 대학 외의 대학이나 매력이 없는 대학, 지방의 전문대학 중에는 '몇 년 사이에 경영난에 빠져든 곳이 속출할 것'이라는 예측도 나오고 있다.

인구 과소(過疎)라고 하면 산간벽지의 시골 마을을 떠올리는 것이 보통이었다. 지금도 그런 곳에서는 과소화가 진행되고 있다. 그런데 최근에는 새로운 과소화의 문제가 대두되었다. 즉 도시의 인구 과소화다. 도쿄 도심부의 구 지역의 야간 인구가 감소하기 시작한 것이다. 도심 이외의 도시에도 인구가 감소하고 있다. 예를 들면 온천으로 유명한 시즈오카의 아타미시의 인구가 감소하기 시작하고 있다. 아직 과소라고 할 정도는 아니지만 조금씩 줄기 시작하고 있다.

지방 도시에서 상점가의 쇠퇴는 현저하다. '고스트타운(유령도시)'이라고 부르는 상점가도 있다. 필자가 살고 있는 시즈오카시 시미즈 지구의 인구도 줄기 시작하고 있다. 인구를 기초로 여러 가지 현상을 파악해 보면 미래의 문제가 떠오르게 된다. 예를 들면 앞으로 자동차 면허를 취득하는 인구가 감소하기 시작하면 자동차 운전학원은 어떻게 될 것인가.

그러나 반대로 인구가 증가하고 있는 도시도 있다. 하마마츠시, 후지사와시, 요코하마시, 아츠키시 등에서는 인구가 점점 증가하고 있다. 일반적으로 말해서 인구가 증가하고 있는 도시에는 활기가 있지만 감소하기 시작한 도시에는 침체된 분위기가 형성되고 행정 서비스도 저하되어 차츰 도시의 형태가 무너져 가게 된다. 그리고 그것이 인구 감소에 박차를 가하게 된다.

앞으로는 도시 인구가 줄지 않게 하거나 증가시킬 전략을 생각해야만 한다. 시장, 읍장, 면장은 인구 증가를 도모하여 세수를 올리는 방법도 생각해야 한다. 이제 도시 간, 지역 간의 경쟁은 피할 수 없는 것이다.

42 지역 간 경쟁, 도시 간 경쟁에서 이기려면

도시의 '매력' 이 인구를 유인한다

도시의 인구 감소는 여러 가지 원인으로 일어난다. 세금, 입지, 산업 쇠퇴, 도로망 등등. 그 원인은 여러 가지로 논할 수 있지만 도시나 지역이 쇠퇴하는 것은 결국 그 도시나 지역에 매력이 없어지고 인구를 유인하는 힘이 없기 때문이다. 매력있는 도시에는 사람들이 매력을 느끼고 찾아와서 정착하기도 한다. 또 많은 사람이 찾아오게 되면 산업이 부흥하고 인구는 자연히 유입되게 된다.

그러면 '매력' 이 되는 것은 무엇일까. 취직의 기회가 될 수 있고, 쾌적한 도시 공간이나 주택 환경이 될 수도 있고, 교육 시설, 문화 시설, 자연 환경 혹은 레크리에이션 시설, 쇼핑상가 등 여러 가지다. 따라서 앞으로는 도시마다 매력을 만드는 경쟁이 시작될 것이다. 그러면 도시 전략을 수립하기 위해서 어떻게 발상할 것인가.

지방 관료에게 요구되는 발상의 전환

첫째는 어떤 도시와 경쟁할 것인가를 명확히 하는 것이다. 어떤 도시의 인구를 유인해 올 것인가를 생각한다. 경쟁 상대를 하나만으로 좁힐 필요는 없다. 경쟁 상대는 다수라도 상관없다. 도쿄의 인구를 유인하려고 하는 경우에는 도쿄가 매력 만들기의 경쟁 상대가 된다. 도쿄의 어떤 지역, 어떤 유형의 인구를 유인할 것인가 하는 것도 검토해 본다.

　이렇게 유인책을 생각하다 보면 여러 가지 도시 개발 아이디어
가 나오게 된다. 경쟁 상대에게 이길 매력을 생각하는 것이 전략
적 발상의 중요한 포인트다.

　둘째는 자기 도시의 '강점'을 잘 검토해 보는 것이다. 어떤 도
시나 지역도 반드시 '강점'이 있다. 그 '강점'이 매력을 만드는
요인으로 잘 검토해 볼 필요가 있다. 그 경우 유인하고 싶은 상대
에게 그것이 대단히 큰 매력으로 작용할 것인가가 포인트다.

　셋째는 독창적인 것, 즉 그 도시나 지역에서 '빛이 나는 것'을
갖는 것이다. 그것은 그 도시의 '얼굴'이기도 하고 이미지가 되는
것이며 경쟁 상대인 도시와의 차이를 확실히 나타내는 것이 된다.

　대부분의 도시나 지역은 다른 도시에서 성을 만들었기 때문에

우리도 성을 만들고 컨벤션센터나 미술관을 우리 도시에도 만들고 싶다고 말한다. 그 때문에 도시나 지역은 어떤 곳이나 비슷하며 매력이 없는 도시가 되는 것이다. 도시나 지역에서 '빛이 나는 것'은 독창적인 것이어야 하며 멀리서 보아도 빛을 발하고 있는 것이어야 한다.

앞으로의 도시나 지역 간의 경쟁에서 가장 먼저 요구되는 것은 지방 관료의 발상의 전환이다. 중앙 정부의 정책을 수행하는 것이 아니라 지방의 독자적인 정책을 만들기 위해서 전략적 발상에 의거한 정책 입안 능력이 필수적이라는 것을 다시 한번 강조해 둔다.

5

창조형 인간의 투자 전략

리스크와 리턴을 먼저 생각하고 자원의 활용을 생각한다

(43 자금을 어떻게 활용할 것인가에 의해 성패가 정해진다

자금량이 전략적 발상을 지배한다

창조형 기업가에게서 볼 수 있는 특징 중의 하나는 자신이 가지고 있는 자원을 최대한으로 활용하는 것이다. 자원은 간단히 말해서 사람, 자산, 돈, 정보, 시간의 다섯 가지 요소로 이루어져 있다. 대부분의 사람은 사람, 자산, 돈, 정보의 4가지를 드는데 필자는 거기에 '시간'을 포함시키고 있다. 시간은 누구에게 있어서나 24시간이지만 어떤 목적을 달성하는데 이용할 수 있는 시간에는 제한이 있다. 따라서 상황에 따라 어느 정도의 시간을 가질 수 있는가, 어떻게 시간을 사용할 것인가 하는 것은 다른 4가지의 자원의 활용을 크게 지배하는 결정적인 요소가 된다.

이 장에서는 '자원' 중에서 돈의 사용법에 대해서 전략적 발상을 해보자.

유감스럽게도 돈 없이 효율적인 비즈니스를 전개할 수는 없다. 이용할 수 있는 돈의 양이 전략적 발상을 지배하게 된다. 개인 생활에서도 무엇인가를 하려면 돈이 있어야 한다. 비즈니스 사회에서도 물론 돈이 전부는 아니지만 중요하다.

자금이 충분하지 못하면 전략적인 방안이 아무리 많이 생각나도 효율적으로 실현할 수 없게 된다.

자금이 없어도 사업은 시작할 수 있다

따라서 전략적 발상을 하는 기업가는 새로운 일을 실행할 때 우선 자금을 생각한다. 어느 정도 자금이 있고 전략의 실현을 위해서 어느 정도 사용할 수 있는가를 생각해야만 한다. 물론 자금이 없어도 사업을 할 수는 있다. 더러는 빈손으로 사업을 시작한 사람도 많이 있다. 자신의 수중에 필요한 자금은 없었지만 누군가로부터 차용하였다거나 유력한 투자자가 투자해 주는 경우도 많다.

우선 중요한 것은 무엇을 할 것인가, 무엇을 하고 싶은가를 확실히 하고 그것을 성공시키기 위해서는 어떤 자원이 어느 정도 필요한가, 리스크는 어느 정도인가 하는 것을 우선 잘 계산하는 것이다. 새로운 사업이 확실하고 투자를 해도 안심할 수 있는 것이라면 자금은 어떻게든 융통할 수 있다는 생각도 든다. 요컨대 자금이 충분히 없으면 없는 대로 어떻게 전략적 발상을 실행에 옮길까를 생각하면 된다.

이것은 창조형 기업가의 행동을 보면 잘 알 수 있다. 기업은 모두 '소기업'에서 출발한다. 현재의 대기업은 전부 소기업에서 성장한 것이다. 처음 사업을 시작할 때는 가지고 있는 자금에 한계가 있기 때문이다.

앞에서 설명한 바와 같이 미국에서는 '기업은 차고에서 태어난다' 라는 말이 있다. 기업가 정신이 풍부한 사람이 자신의 아이디어나 기술을 살려서 비즈니스를 시작하려고 할 때 충분한 자금이 없기 때문에 제대로 된 사무실을 가질 수 없고 그래서 자신의 차고를 이용하여 비즈니스를 시작하는 것이다. 차고에서 탄생한 비즈니스지만 성공하면 돈이 모이게 된다. 혹은 그 성공을 보고 자금을 빌려주는 투자가가 생기기도 한다. 그렇게 하여 서서히 비즈니스를 확대해 나가는 것이다.

자금은 유한한 자원이기 때문에 효율적으로 관리하지 않으면 자금을 증가시킬 수 없을 뿐만 아니라 원금까지 없애게 될 수도 있다. 그래서 누구나 자금을 잘 사용하는 방법을 생각한다.

흔히 성공한 창조형 기업가는 자금을 잘 활용한다고 말한다. 회사를 설립하여 크게 성장시켜 가기 위해서는 자금의 활용법이 중요한 포인트가 되는 것이다.

진짜 부자에게 공통된 돈의 사용법

돈의 사용법은 사람마다 다르다

부자의 돈 사용법을 잘 관찰해 보면 거기에는 전략적 발상이 작용하고 있다. 벼락부자가 돈의 사용법을 모르고 투기에 손을 댔다가 실패하여 빈털터리가 되어버리는 것은 전략적 발상이 결여되어 있기 때문이다. 적은 돈이라도 손에 들어오면 무엇에 어떻게 투자해야 할지 모르고 끝내는 달콤한 말에 넘어가 원금마저 없애거나 혹은 아주 구두쇠가 되어버리는 자도 있다.

'부자는 인색하다'라는 말을 많이 듣는다. 분명히 그런 사람도 있다. 두둑한 지갑을 가지고 있는데 남들과 함께 식사를 해도 각자 부담하게 하거나 누군가에게 선물하는데도 싸구려밖에 보내지 않는 사람이 있다.

한편 도쿄 본토박이처럼 돈에 인색하지 않고 으스대면서 큰돈을 쓰는 사람을 쩨쩨하지 않다고 칭찬하거나 치켜세워 준다. 사람들 앞에서 선심 쓰듯이 돈을 쓰고 팁을 뿌리는 부자들도 있다. 그러나 진짜 부자는 과연 어떤가.

미국에서 본 부자의 검소한 생활 태도

오래 전에 세계 유수의 부호 데이비드 록펠러의 뉴욕에 있는 사무실을 방문한 적이 있다. 록펠러의 사무실이기 때문에 넓고 호화로울 것이라고 생각하고 있었는데 안내를 받아 들어간 방은 40평방미터 정도의 크기로 심플한 가구만 놓여져 있을 뿐이었다. 이것이 그 록펠러의 사무실인가 하고 의심하고 싶을 정도였다. 그때 대화로는 자동차가 화제가 되었는데 록펠러는 "포드를 타고 다닌다"고 말했다.

미국의 변호사라고 하면 전부가 고액 소득자처럼 생각하고 있지만 변호사도 보통 샐러리맨 같은 수입밖에 안 되는 사람도 많다. 그러나 유능한 변호사가 되면 연 수입 50만~100만 달러가 된다고 한다.

어느 날 부유한 변호사와 만나기로 했다. 그의 이름을 브라운이라고 해 두자. 브라운 씨 일가는 대대로 변호사였고 비벌리 힐스에 호화 저택을 가지고 있으며 회화 수집가로도 유명했다. 브라운 씨는 스스로 런던의 경매에도 나간다. 그래서 필자는 그가 롤스로이스나 벤츠 혹은 캐딜락을 타고 오리라 생각하고 있었다.

그런데 브라운 씨는 놀랍게도 일본제 소형차를 타고 왔다. 그리고 미소 지으면서 "자동차는 소형차가 좋습니다"라고 말했다. 그 차로 명문 골프장에도 다닌다고 했다.

45 미래를 생각하고 장기적인 관점에 서서 투자한다

성공하는 기업가에게 공통되는 투자의 발상

진짜 부자는 평소에는 별로 돈을 쓰지 않는다. 쓸데없는 것을 사거나 낭비하는 일이 없다. 그러나 한 번 쓸 때는 크게 사용한다. 대단히 큰 투자를 하거나 대형 쇼핑을 한다. 고액을 기부하는 경우도 있다. 돈을 분산해서 사용하지 않고 모아서 집중적으로 사용하는 것이다.

한 기업가는 호경기 동안에는 열심히 이익을 축적한다. 호경기에 돈을 많이 벌고 있다고 해서 요란하게 돈을 쓰지 않는다. 인색한 기업가라는 말을 들어도 태연한 얼굴을 하고 있다. 그리고 불경기가 되면 그동안 모은 수익을 한꺼번에 투자하는 것이다. 공장을 과감하게 확장하거나 신규 설비 투자를 한다. 어느 날 생산 관리 스태프가 새 공장의 건설 계획을 사장에게 제안했더니 불경기였음에도 불구하고 계획의 2배나 되는 설비를 갖춘 공장을 만들라는 지시를 내렸다고 한다. 물론 호경기가 되었을 때 이 공장은 크게 도움이 되었다.

혼다 소이치로도 이와 비슷한 일화가 있다. 불경기에 회사의 자금 회전이 어려웠는데 해외에 나가 외국의 신규 공상을 견학하고 돌아와서 수억 엔이나 하는 신규 설비 투자를 했다고 한다. 당시 설비 투자액은 혼다 자본금의 몇 배에 해당되는 거액이었다. 관계자는 혼다 씨의 과감한 투자에 놀랐다고 한다. 돈을 쓸 때는 한꺼번에 쓰는 부자의 돈 사용법을 그에게서 볼 수 있다. 혼다의 과감한 투자는 나중에 혼다가 크게 발전하는 기초가 되었다고 한다.

나무를 키우듯이 사업을 키운다

창조형 기업가는 건설적이고 미래에 걸쳐 성과를 낼 수 있는 것을 적절한 시기에 투자한다. 항상 미래를 염두에 두고 투자를 하는데, 그것도 가까운 미래가 아니라 상당히 먼 미래를 내다보는 것이다.

필자가 알고 있는 한 부자는 손자들이 놀러 와도 평소에는 고작 1,000엔밖에 용돈을 주지 않아서 사람들에게 '구두쇠'이라는 별명까지 붙어 있었다. 그런데 어느 날 손자 한 명이 유학을 떠나면서 인사하러 갔더니 금고에서 돈을 꺼내서 "이것으로 열심히 공부하고 돌아오너라" 하고 만 달러 상당의 돈을 주었다. 이 유학 자금은 10년, 20년 후 손자의 미래를 생각했던 것이다.

창조형 기업가들의 투자에서는 이런 경향를 볼 수 있다. 나무를 키우듯이 사업을 키우려고 하고 장기적인 관점에서 돈을 쓰는 것이다.

46 자신의 꿈을 실현하기 위해 투자한다

진짜 부자는 푼돈 쓰는 식의 돈 사용법을 싫어한다

사실 가치 있는 것을 식별하는 것은 매우 어렵다. '가치'는 사람에 따라서 다르고 그것이 물건인 경우도 있고 문화나 정신적인 것이 될 때도 있다. 진짜 부자는 돈을 쓸만한 '가치 있는 것'을 잘 식별하고 선별한다. 그리고 거기에는 전략적 발상이 작용하고 있다. 어디에 돈을 쓰면 가장 효과적인가, 가치 있는 돈의 사용법은 무엇인가를 항상 생각하고 집중적으로 돈을 쓴다. 그들은 푼돈 쓰는 식으로 돈 쓰는 것을 싫어한다.

보통 사람들은 돈을 손에 넣으면 조금씩 여러 가지 곳에 분산해서 지출해버리는 경향이 있다. 행정 기관에서도 이와 같은 경향이 있으며 여기저기에 분산해서 지출을 한다. 이와 같은 예산 지출을 '푼돈 뿌리기 행정'이라 부른다.

이념과 낭만이 있는 투자

전략적 발상을 통하여 사용한 돈은 다시 돌아온다는 것을 부자는 알고 있다. 그리고 그들은 목적 없이 돈을 쓰지 않는다. 돈을 쓸 때는 명확한 목적이 있고 정확한 사용 방법이 있다.

진주왕인 미키모토 코키치는 진주 양식 사업에 항상 집중적으로 투자를 했다. 그의 투자에는 이념이 있었다. 그리고 그는 우수한 양식 진주를 생산하여 세계의 진주왕이 되었다.

투자에는 기업가의 낭만 같은 것이 작용한다. 먼 미래의 일은 누구나 명확히 내다볼 수 없다. 그래서 먼 미래를 바라보며 투자할 때 거기에는 신념이나 낭만과 같은 것이 작용하고 있는 경우가 많다.

전략이란 기업가의 낭만이라고 말하는 사람이 있는데 수긍이 가는 말이다. 진짜 부자들의 돈 사용법에는 일종의 낭만이 있고 그것이 벼락부자의 돈 사용법과는 두드러지게 다른 점이다. 낭만을 가지고 있기 때문에 뭔가에 홀린 것처럼 집중적으로 돈을 쓴다. 곁에서 보고 있으면 뭔가 쓸데없는 것에 낭비하고 있는 것처럼 생각되는 경우도 있다.

미국의 석유왕 폴 게티는 거액의 돈을 캘리포니아의 산타모니카 교외의 산간을 개간하여 거대한 미술관을 건립하는데 투자했다. 부유한 미술품 수집가 중에는 이런 사람이 많다. 자신의 이념으로 '이것이다' 라고 생각한 미술품을 사서 수집한다. 투자의 목적으로 사는 것이 아니라 자신의 취미와 이념으로 산다.

결과적으로 그것이 큰 수익을 낳는 경우도 있지만 본래는 투자 목적이 아니라 자신의 '꿈' 의 실현에 투자하고 있는 것이다.

47 투자 전략의 열쇠가 되는 리스크 관리와 타이밍

큰 투자일수록 리스크가 따른다

창조형 기업가가 돈을 투자하는 경우 거기에는 낭만 이외에 ROI(Return on Investment, 투자(자본) 수익률은 총자본 중에서 투자 자본, 즉 자기자본과 장기차입금의 수익력을 평가하는 지표-역주)가 있다. ROI는 투자에 대한 수익 혹은 이익이라는 뜻이 된다. '투자 수익률'이라 번역되는 경우도 있지만 그것은 회계, 재무 전문가들이 많이 사용하는 말이다.

창조형 기업가들은 투자 자본에 대한 수익이 보다 크고 유리한 것에 투자하려고 손익 계산을 한다. 그러나 그것은 단기적인 손익 계산이 아니라 장기적인 손익 계산이다. 그들은 항상 어떻게 하면 보다 큰 수익을 얻을 수 있을지 신중하게 검토한다. 부자들은 정보에 민감하며 빠르고 정확하게 정보를 수집할 수 있도록 곳곳에 정보 안테나를 쳐놓고 있다. 또 정보 분석에서도 예리한 감각으로 파악한다.

창조형 기업가도 누구보다 빨리 정확한 정보를 파악하고자 노력한다. 그들이 네트워크 조성에 열중하는 것도 정보 수집의 의욕이 강하기 때문이다. 또 다양한 분야의 브레인을 주위에 두고 새로운 정보 수집에 열중한다.

부자나 창조형 기업가가 관심을 갖는 정보는 미래에 관한 것으로 자신의 낭만을 달성시켜 주는 기회이지만 반드시 어떤 위험이 거기에 있는가에 깊은 주의를 기울인다. 큰 투자인 만큼 큰 위험이 따른다는 것을 잘 알고 있는 것이다.

그리고 투자는 미래를 위한 것이기 때문에 거기에는 불확실성이 따른다. 불확실성은 위험이 되는 것이고 그들은 그것을 사전에 확인하고 계산해 두려고 한다. 이것을 '캘큐레이티드 리스크(Calculated risk, 예측 가능한 리스크)' 라고도 한다. 그리고 예측할 수 있는 리스크에 대한 대책을 생각하고 나서 행동에 옮긴다.

이런 접근 방식은 최근에는 리스크 관리라는 사고방식으로 발전하고 있다. 예측할 수 있는 리스크에 대해 사전에 대책을 세워 두었다가 리스크가 발생하여 계획대로 일이 진전되지 못한 경우에는 준비해 둔 대책을 모두 검토하여 궤도 수정을 하는 것이다.

그런데 대부분의 사람은 사전에 대책을 하나 생각하는 정도로 그치고 만다. 큰 투자에서는 두 가지 혹은 세 가지 대책도 준비하는 발상이 요구되며 투자가 크면 클수록 리스크에 대한 대책이 중요하게 된다.

투자의 타이밍이 성패를 정한다

부자들의 돈 사용법 중에는 '적절한 타이밍' 이라는 것이 있다. 부자들은 투자 타이밍에 대해 심사숙고한다. 아무리 좋은 투자 대상이라도 타이밍을 잃어버리면 ROI가 나빠질 뿐만 아니라 완전히 실패하게도 된다. 반대로 투자의 타이밍이 좋으면 대수롭지 않은 투자로도 뜻하지 않은 수익을 올릴 수 있다.

이것은 주식 시장에서 보면 잘 알 수 있다. 우량주라도 고가로 투자하면 높은 수익률을 기대할 수 없지만 적절한 타이밍을 노리고 저가로 투자하면 수익률이 높다.

창조형 기업가도 투자할 때 이와 같은 타이밍을 노리는 경우가 많다. 불경기에 투자하여 호경기에 대비하는 방법이다. 남들이 투자할 때는 투자하지 않고 남들이 투자를 꺼릴 때 투자하는 역 발상이다. 남과 반대로 생각하면 진짜 타이밍이 보이게 된다고 한다.

타이밍에는 운도 있지만 실은 타이밍을 읽는 안목에 의해서 결정된다. 세상이 어떤 법칙으로 움직이고 있는가, 시세가 어떻게 변화하고 있는가, 사람들의 마음이 어떻게 움직이고 있는가, 사람들이 무엇을 추구하고 필요로 하고 있는가를 제대로 파악하는 것이 중요하다. 부자들은 세상의 변화를 꿰뚫어 보는 것이 빠르다.

창조형 기업가도 이 타이밍을 중시한다. 전략적 발상의 중요한 포인트 중의 하나는 타이밍을 포착하는 것이기도 하다.

(48 투자에 따르는 리스크와 리턴의 관계

분산형 투자는 안전하지만……

효과적인 자금 활용법이란 전략적 발상에 의한 사용법이다.

앞에서 설명한 것을 다시 한번 정리해 보자. 전략적 자금 사용법이란 명확한 전략 목표에 대한 집중적인 투자다. 다시 말해서 돈을 분산해서 사용하는 것이 아니라 목표를 정했으면 집중해서 사용하는 것이다. 사용할 수 있는 자금에 한도가 있을 때는 그런 집중 투자가 효과적이다.

가령 수중에 1천만 엔의 자금이 있다고 하면 그것을 여러 군데로 분산해서 사용하면 효율적인 일은 할 수 없다. 투자를 하면 대단히 큰 효과를 기대할 수 있는 것 혹은 직접적인 효과뿐만 아니라 파급 효과도 있다고 생각되는 것에 1천만 엔을 집중해서 투자하는 것이 전략적 발상에 의한 투자다.

창조형 기업가의 투자 태도에는 이와 같은 집중적인 투자 경향을 볼 수 있다. 그 대신 이와 같은 투자에는 위험이 따른다. 투자에 실패하면 원금도 날리게 된다. 이런 위험을 피하려면 어떻게 해야 할 것인가.

한 마디로 말하면 분산형 투자를 하는 것이다. 이것저것 여러 가지에 투자하여 위험을 분산하는 것이다. 이런 돈의 사용법도 나쁘지 않지만 그래서는 자금이 전략적으로 사용되고 있다고 할 수 없다. 다만 '안전' 하기는 하다.

전략적 발상에 의한 투자, 즉 한 가지 목적에 집중하여 투자하는 경우에는 리스크가 따른다. 그러나 성공하면 수익은 엄청나게 크다. 전략적인 투자에는 도박적인 요소가 있다고도 할 수 있다.

목표를 명확히 정한 전략적 투자를

전략적 투자에서 중요한 것은 무엇에 자금을 집중하여 사용할 것인가를 결정하는 것이다. 사실은 이것을 결정하기가 대단히 어렵다. 전략적 발상을 하는 창조형 기업가는 목표를 정확히 확인한다. 그리고 사람, 자산, 돈, 정보, 시간 등의 경영 자원을 그 목표에 집중 투자하여 효과적으로 목적을 달성하려고 한다.

그러면 그 전략 목표는 어떻게 정하는 것인가. 그것은 기업 환경, 사업의 미래 전망, 시장 변화, 예상 수익, 경비, 리스크라는 다양한 종류의 정보를 바탕으로 면밀한 계산과 추측을 한다. 그리고 거기에다 예측 능력, 감, 기업가 정신이라는 것을 가미하여 전략 목표를 정하는 것이다.

자금을 효율적으로 활용하려면 전략 목표를 명확히 정해서 거기에 집중하는 것이 중요하다.

리턴과 리스크

　리턴(Return, 수익, 보수, 성과)은 리스크(Risk, 위험)에 대한 대가이
기도 하다. 리스크가 높은 것은 수익도 높다. 저 성장 산업에는 로
(Low) 리스크, 로(Low) 리턴인 것이 많고 그것이 노(No) 리턴이 된다.
전략은 불확실한 것에 대한 도전이기 때문에 리스크가 크다. 일반적으
로는 누구나 리스크를 싫어하기 때문에 전략적 발상과 전략의 추구를
피하는 경향이 생긴다. 그 리스크를 줄이기 위해 필요한 것이 리스크
매니지먼트이며 전략의 수행에서는 필수적인 것이다.

49 투자 전략에 필수적인 ROI에 대한 감각

ROI가 바탕에 있는 투자 의사 결정

창조형 기업가의 특징 중의 하나는 ROI의 감각이 남다르다는 것이다. 창조형 기업가들이 의사 결정을 하는 근거를 살펴보면 항상 ROI를 고려한다는 점을 발견할 수 있다. 그리고 일반적으로는 합리주의적인 발상과 행동 그리고 결단이 되어 나타나게 된다.

ROI 발상에서는 투자 자본에 대해 높은 수익을 얻고자 한다. 따라서 보다 유리한 것, 보다 높은 수익을 얻을 수 있는 것에 투자하고자 한다. 그러면 '유리한 것'이란 무엇인가, 높은 수익이란 무엇을 가지고 높다고 하는가.

첫째로는 투자한 금액에 대한 수익의 비율이다. 바꿔 말하면 '수익률'이다. 이 경우 수익률의 높고 낮음은 그때그때의 금리 수준에 의해 크게 좌우되게 된다.

예를 들면 투자보다 확실한 예금이나 채권을 운용하는 쪽이 보다 높은 수익을 얻을 수 있을 때는 높은 금리를 생각하여 확실한 예금이나 채권에 투자하게 된다. 물론 어느 정도의 기간에 어느 정도의 수익을 올리고 싶은가에 의해서도 투자 대상의 선택은 달라진다.

일반적으로 말하면 리스크가 큰 투자는 수익률이 높고 리스크가 적은 것은 수익률도 적다. 이윤이란 무엇인가에 대해서는 여러 가지로 설명할 수 있다. 어떤 사람은 매출액에서 여러 가지 경비를 뺀 것이라는 회계학적인 설명을 하지만 다른 한편 이윤이란 리스크에 대한 대가이며 리스크가 있기 때문에 이윤도 있다고도 할 수 있다.

개인 저축에서도 ROI에 의거하는 경향을 볼 수 있다. 저축이 일정액 이상이 되면 사람들은 그 저축을 보다 높은 이윤을 낳는 것에 투자하려고 한다. 2002년 일본인의 저축은 한 세대 당 평균 1300만 엔 이상이며 연간 총수입의 2배로 추정되고 있다. 저축 내용을 보면 상당한 부분이 은행 예금으로 들어가고 있는데 금리와 안전성에 대한 높은 관심을 나타낸다.

왜 토지에 대한 투자가 행해져 왔는가

왜 토지에 투자하는가. 그 이유는 장기적인 가격 인상이 기대되고 토지 투자에 의해 얻어지는 ROI가 높기 때문이다. 즉 토지에 대한 투자는 땅값 인상에 대한 기대와 토지를 이용해서 얻을 수 있는 직접 수입(집세, 토지 임대료)에서 경비(관리비, 세금, 인건비)를 뺀 금액이 다른 것에 투자한 것보다 ROI가 높으냐에 따라 크게 좌우된다.

하지만 토지가 한정된 자원이기 때문에 토지는 항상 가격이 상승한다는 '신화'를 낳고 그 때문에 토지에 대한 투자가 계속 활발하며 등귀 현상이 계속된다. 토지 투자의 ROI가 장, 단기 양면에서 악화되면 땅값은 떨어진다.

창조형 기업가는 ROI를 중시한다. 그리고 토지의 장기적인 등귀에 주목하여 부동산 투자를 하여 재산을 모은 사람이 많다. 현재 부동산 회사의 사장 중에는 이런 타입의 사람이 많다.

오피스 빌딩의 경영으로 성공한 모리 빌딩 그룹의 모리 사장은 경제학 교수였다. 경제학 교수로 투자에 성공한 사람은 드물기 때문에 모리 사장은 특별하다고 할 수 있을지 모른다. 모리 사장은 부동산 사업의 유망성에 착안하여 오피스 빌딩의 개발에 경영 자원을 집중 투입했다. 도쿄에 '아크 힐즈' '롯본기 힐즈'라고 일컫는 오피스, 호텔, 문화시설의 종합 도시개발을 하여 세상의 주목을 끌고 있다.

그러나 부동산 투자에 실패하여 파산한 사람도 많이 있고 파산한 대기업도 많이 있다. 예를 들면 맨션 경영에서 리더격이었던 부동산 회사의 Y사장은 자금과 인재를 부동산 사업에 집중 투입하여 한 때는 대단히 번창했으나 버블 붕괴로 부동산 사업은 곤경에 빠져 그후 Y씨의 이름은 들을 수 없게 되었다.

공무원에게도 요구되는 ROI 의식

행정의 전략에서도 ROI를 생각할 필요가 있다. 최근에는 '코스트 퍼포먼스(투자 효율)'라는 깃을 입에 담는 관료도 있지만 일반적으로 행정 관료는 ROI 의식이 부족하다. 장기적으로 보아 투하한 세금으로 어느 정도의 리턴을 생각할 수 있는가 하는 원가 계산 의식이 공무원에게도 필요하다.

50 하이 리스크, 하이 리턴에 대한 도전

하이 리스크, 하이 리턴의 시장

창조형 기업가는 부동산 투자에만 전력하지는 않는다. 대부분의 창조형 기업가는 여러 분야에 주목하고 투자 가능성을 타진한다. 그들이 주목하는 것은 투자 기회와 시장, 투자 대상이다. 특히 창조형 기업가가 항상 주목하는 점은 '얼마나 큰 ROI를 낳을 것인가'라고 할 수 있다. 그리고 그것은 금융시장에서 올릴 수 있는 최고 금리의 2~3배가 되는 것이며 장기적으로는 상당한 수익을 유지할 수 있는 것이어야 한다.

미국의 다국적 기업의 신규 사업 담당인 한 사장으로부터 새로운 시장에 진출하는 경우에 25~30퍼센트의 수익을 5년 이상에 걸쳐 얻을 수 있는가 여부를 진출의 기준으로 하고 있다는 말을 들은 적이 있다. 이 경우 하이 리턴(고 수익)이면서 동시에 하이 리스크(고 위험)의 시장이다. 이런 시장은 주로 성장 산업, 성장 시장이라 불리는 경우가 많다. 또 니치 현상을 일으켜서 경쟁이 비교적 적고 수익을 쉽게 올릴 수 있는 경우가 많은 것이 특징이다.

실패를 두려워하면 하이 리턴의 기회를 잃는다

창조형 기업가는 이런 투자 기회와 시장을 노린다. 그러나 그것을 발견하는 것은 간단하지 않다. 그 기회가 눈앞에 있는 경우도 있지만 그런 경우는 드물고 오히려 그 기회가 미래에 존재한다고 말하는 것이 옳을 것이다.

리턴에 대해서 도전해 보지 않고서는 결과를 알 수 없다. 결과를 확실히 알고 있는 것이라면 누구나 손을 대게 되고 ROI는 자연히 떨어지게 된다. 따라서 실패를 두려워하면 하이 리턴의 기회를 포착할 수 없게 된다.

선진 기업을 배출하는 지역에는 이런 도전 정신이 풍부하다. 앞에서 설명한 시즈오카현의 하마마츠 지구에는 '하지 않겠는가' 정신이 강하다고 한다. 이 지역에서는 도요타, 혼다, 야마하, 스즈키 등 많은 자동차 회사가 탄생하고 있으며 오늘날에도 첨단 산업이 지속적으로 성장하고 있다.

전략적 발상의 근원을 더듬어 가면 거기에는 ROI가 있다. 그리고 ROI를 추구하고 있는 것은 도전 정신이다. 도전 정신이 풍부하면 발상의 폭이 넓어진다. ROI 플러스 도전 정신이 창조형 기업가를 전략적 발상가로 만든다고 할 수 있다. 현대의 일본은 드물게 보는 격동, 격변의 시대이며 하이 리스크, 하이 리턴의 비즈니스 기회가 산처럼 쌓여있다.

(51 벤처 비즈니스는 프런티어 정신에서 나온다

모험적, 투기적인 벤처 비즈니스

비즈니스에서는 '벤처'라는 말을 자주 사용한다. '조인트 벤처', '벤처 기업' 등등. 조인트 벤처는 '기업 제휴'라고도 번역되고 있는데 벤처 기업의 경우에는 적절한 말이 없는지 영어 그대로 사용하고 있다. 벤처라는 말은 '모험'을 의미한다. '어드벤처'와 어원이 같다. 따라서 벤처 비즈니스란 모험적이고 투기적 요소가 강한 사업이라는 의미가 된다.

과거의 사업 중에는 벤처 비즈니스가 대단히 많았다. 미 대륙의

발견이나 아시아 항로의 발견은 유럽 대륙의 벤처 비즈니스의 발전에 따른 것이다. 유럽 대륙의 상인은 아시아를 비롯한 모든 외국과의 교역에 의해 거대한 이익을 얻을 수 있었다.

주식회사의 초기 형태라고 일컫는 동인도회사는 전형적인 벤처 비즈니스였다. 당시는 해외, 특히 먼 아시아와의 교역은 대단히 높은 수익을 올릴 수 있었기 때문에 유럽의 기업가는 해외 교역에 적극적으로 도전했다. 그리고 한 번의 해외 교역으로 거대한 부를 축적할 수 있었다.

이런 교역이 명실 공히 어드벤처였다는 것은 쉽게 상상할 수 있다. 배는 빈약한 목조선이며 해도나 컴퍼스 같은 항해용의 기기도 극히 허술했다. 오직 감과 경험, 불확실한 정보, 끊임없는 모험심과 이익 추구에 대한 욕망이 비즈니스를 발전시켰다. 벤처 비즈니스라기보다 바로 어드벤처 비즈니스였던 것이다.

벤처 비즈니스는 홈런을 노린 비즈니스이기 때문에 맞으면 큰 이익을 획득할 수 있지만 실패할 가능성도 크다. 리스크의 크기도 헤아릴 수 없기 때문에 실패하면 손실도 크고 재기하는 것도 상당히 어렵다.

따라서 대기업에는 벤처 비즈니스가 적합하지 않다. 대기업은 일반적으로 보수적이며 리스크가 큰 벤처 비즈니스에 도전하려고 하지 않는다. 대 자본을 투하하여 확실히 수익을 올릴 수 있는 것에 투자하려고 한다. 확실한 투자로 수익을 올리려고 하면 그 기업은 개선과 개량이라는 점에 관심이 가게 된다. 미래의 큰 기회에 관심을 갖기보다 눈앞의 것에 주목하여 비즈니스에 혁신을 일으키려고 하는 노력은 없는 것이나 다를 바 없게 되어 버린다.

벤처 비즈니스는 창조형 기업가에게 잘 맞는다. 창조형 기업가는 리스크가 큰 기회에 도전하면서 사는 보람을 느낀다. 그러나 경솔하게 도전하는 것이 아니라 ROI를 중시한다. 도전에 부합하는 ROI가 있는가를 생각하여 그것을 탐색하는 것이다.

벤처 비즈니스를 지원하는 구조

현재 벤처 비즈니스는 첨단 기술 분야가 대부분이다. 성과는 불확실하고 비즈니스로서 그것이 성과를 낳을 때까지 장기간의 노력을 요하며 상당한 리스크가 따른다. 그래서 이런 벤처 비즈니스를 지원하고 촉진하는 구조가 사회적으로 필요하게 된다.

미국에는 벤처 기업의 주식을 장래성과 하이 리턴을 기대하여 투자가에게 파는 것을 비즈니스로 하는 회사가 있다. 일본에도 은행이 그와 같은 투자 회사를 별도로 경영하고 있는 경우가 있다. 또 중소기업의 사업을 지원하는 공적 기관도 벤처 비즈니스를 자금과 경영 면에서 지원하고 있다.

6

창조형 인간의 정보 수집법

소프트화, 서비스화 시대의 경쟁에 이기는 결정적 수단

52 경영 자원 속에서 가장 중요한 '정보'

'자산'에서 '정보'로

경영 자원은 사람, 자산, 돈, 정보, 시간의 5요소로 이루어져 있다. 정보의 중요성에 대해서는 누구나 말하지만 정보가 어떤 의미를 가지고 있는가를 질문하면 제대로 설명할 수 있는 사람은 매우 적다. 그러나 경영 자원 중에서 정보가 '돈'이나 '자산'보다 중요한 요소라고 생각하고 있는 사람은 많다.

'자산'이란 공장, 설비나 기계, 토지, 건물 같은 것부터 기술(정보라고 생각할 수도 있다)까지 포함한다. 어떤 '자산'이 필요한가는 기업의 사업 영역과 활동 내용에 따라 변하게 된다.

자동차 제조를 사업 영역으로 하여 기업 활동의 중심이 거기에 있다고 하면 필요한 '자산'은 기계, 설비, 공장, 건물, 토지, 기술이 된다. 로봇이나 컴퓨터도 중요한 '자산'이 된다. 유통 회사의 경우는 어떤가. 업종에 따라 다르겠지만 운반 수단(트럭, 포크리프트), 창고, 컴퓨터 네트워크 등이 해당될 것이다.

최첨단을 달리는 설비, 장치, 기계가 기업 경쟁의 우위를 지배한다고 생각할 수 있지만 이들의 근원이 되는 에너지나 물자의 조달도 중요한 전략이 된다. 자재의 공급이 안 되면 현대적인 설비, 기계까지도 죽어버릴 것이다. 그래서 때로는 에너지나 자재가 전략적 발상의 중심에 놓여지기도 한다.

산업 사회에서 상품 제조가 중요하다는 것은 분명하다. 앞으로도 그것은 불변일 것이다. 그러나 소프트웨어 시대 혹은 서비스

경제라는 말에서 나타나듯이 자원 중에서 자산이 차지하는 위치
는 산업에 따라서 점차 감소하고 그것보다는 '정보'가 중요하게
되었다.

정보 활용이 경쟁의 결정적 수단으로

이제 기업들은 '정보'를 자원으로서의 의미와 중요성에 대해
재인식하고 있다. 기업들은 정보를 어떻게 수집하고, 재생하고,
전달하고, 활용할 것인가, 또 어떻게 하면 정보 활용에 의해 기업
경쟁에서 우위를 차지할 수 있는가를 생각하고 정보를 중요한 전
략 포인트로 삼고 있다. '정보'를 중심에 두는 전략적 발상에서는
'컴퓨터는 소프트웨어가 없으면 단순한 상자'라는 말도 한다. 최
첨단 기술 장비의 로봇도 소프트웨어가 있기 때문에 비로소 힘을
발휘한다. 소프트웨어가 없으면 로봇도 쇠 덩어리에 불과하다.

어떤 정보를 수집하고, 어떻게 활용할 것인가 하는 것이 경쟁의
결정적 수단이 되는 시대가 왔기 때문에 '정보'의 중요성이 점점
더 크게 부각되고 있다.

53 '꿈' 의 존재가 정보 의식을 높인다

꿈을 갖는 것과 정보와의 관계

전략적 발상의 시작은 '꿈을 갖는 것이다. 전략적 발상을 하기 위해서는 왜 '꿈' 이 필요한가. 그것은 정보 수집과 밀접한 관계가 있기 때문이다.

전략의 수립과 달성에는 무엇보다도 정보가 필수적이라는 것을 강조해 둔다. 정보가 없으면 전략을 수립할 수 없고 전략 그 자체를 추진할 수도 없다. 전략은 '정보로 시작하고 정보로 끝난다' 고 할 수 있다. 미래를 예측하는 경쟁 상대의 능력과 행동을 파악하고, 또 자신의 마켓을 예측하고 신제품의 아이디어를 생각한다……. 이렇게 하기 위해서는 정보가 필수적이다.

경영 자원에는 '사람, 자산, 돈, 정보, 시간' 이 있다. 경영자원을 가장 효율적으로 활용하기 위해 기초가 되는 것은 정보다. 정보 없이는 사람, 자산, 돈, 시간은 단지 존재할 뿐이며 효용가치를 갖지 못한다.

현대는 정보가 여러 가지 형태로 여러 장소에 산재해 있다. 정보가 범람하고 있다고도 할 수 있다. 사람은 이런 상황에서 이미 있는 정보 속에서 가치 있는 정보를 발견하여 활용하고 있다. 물론 어떤 정보에서 가치를 발견할 것인가는 사람마다 다르다. 전혀 색다른 것이 없는 현상 속에 중대한 조짐이 있음을 깨닫고 그것을 실마리로 가치 있는 정보를 찾아내야 한다.

정보에 강한 사람, 약한 사람

필자는 신제품 개발에 관한 강의를 할 때 가끔 그날 신문에 게재된 1면 광고를 본 사람이 얼마나 있는지 가끔 조사하고 있다. 놀랍게도 수강자의 2~3퍼센트 정도의 사람밖에 보지 않은 것이다. 본 사람도 대개는 자사 광고나 경쟁 회사의 광고인 경우가 많다. 그런데 그래도 2~3퍼센트의 사람이 보고 있는 것은 무슨 까닭일까. 대답은 명료하다. 이 사람들에게는 의식적이든 무의식적이든 '정보 의식'이 작용하고 있기 때문이다.

사람에 따라서 정보가 보이기도 하고 보이지 않기도 한다. 정보 의식이 강한 사람에게는 여러 가지 가치 있는 정보가 눈에 들어온다. 그리고 보다 가치 있는 정보를 보다 많이 발견한다. 정보 의식이 약한 사람이나 없는 사람은 쓸데없는 정보를 포착하거나 정보에게 휘둘리게 된다.

그러면 이 정보 의식을 만드는 것은 무엇일까. 실은 그것이 서두에서 설명한 '꿈'이다.

54 전략적 행동을 위해 어떤 정보가 필요한가

변화에 관한 정보에 최대의 관심을 둔다

모든 자원을 유용하게 하기 위해서는 우선 '사람'이 존재해야 한다. 사람 있고 자원이 있게 되는데 모든 자원이 유용하게 활용되는지 여부는 '정보'에 의해 결정된다고 할 수 있다.

창조형 기업가들은 정보의 중요성을 항상 인식하고 정보를 기본적인 요소로 생각하며 정보의 수집과 활용에 최대한 관심을 기울이고 있다.

그러면 정보는 어떤 관점에서, 어떻게 활용되고 있었는가.

첫째로 세계정세의 변화와 기업, 사회 환경의 변화에 관한 것, 즉 세상이 어떤 방향으로 나아가고 있는가에 대한 정보에 최대한 관심을 두어 왔다. 그리고 뉴스, 지식, 이벤트, 발견, 발명, 사건 등을 수집하기 위해 적극적으로 움직였다. 그들은 무엇이 현재의 상황을 변화시키는가 하는 것이 주관심사였다.

고대인은 점성술사나 예언자 등의 말에 귀를 기울이고 그것을 믿었다. 유태교, 그리스도 교, 이슬람교의 발전의 역사에는 반드시 예언자가 등장하고 고대 지배자들은 항상 많은 예언자를 자신의 측근에 두고 그 예언에 귀를 기울였다. 또 세상의 움직임에 주목하여 여행자의 이야기에도 적극적으로 귀를 기울였다.

오다 노부나가는 그 대표적인 인물 중의 한 사람이다. 노부나가는 외국인과의 회견에 기꺼이 응했고 일본을 둘러싼 세상의 변화를 적극적으로 알려고 했다. 노부나가는 새로운 것을 대단히 좋아

하는 사람으로 신문물에 큰 관심을 가지고 있었다. 그는 새로운 무기(총)가 자신의 지위를 유리하게 한다는 것을 알고 있었다. 물론 새로운 것이라도 자신의 목적 달성에 유리한 것이어야 하고 또 다른 것과 비교하여 큰 차이가 있는 정보에 특히 관심이 있었다.

기업 경영에 필수적인 기술 정보

오늘날 기업가가 가장 큰 관심을 갖는 정보 중의 하나는 기술 정보이다. 기술의 우위가 기업을 유리한 지위를 차지하게 하는 경우가 많다. 따라서 앞으로 기술의 발전은 어떤 분야에서 이루어질 것인가, 현재 기술 수준은 어떠한가를 여러 경로로 정보를 수집한다.

근대사를 바꾼 큰 힘의 하나는 기술 혁신이었다. 앞으로 10년간 사회, 경제의 기반을 변혁시키는 것, 즉 패러다임(Paradigm)을 변화시키는 것 중의 하나는 첨단 기술이다. 첨단기술 중에서도 마이크로일렉트로닉스, 바이오테크놀로지, 항공, 우주 기술, 신소재 기술의 분야가 중심적인 역할을 하게 될 것이다.

기술 외에도 여러 가지 요인이 세계의 흐름을 변화시킨다. 세계의 흐름을 변화시키는 것, 즉 메가트렌드가 무엇인가를 확인하는 것이 정보에 관한 전략적 발상의 출발점이기도 하다. 예를 들면 인구 동태에 있어서 인구의 증감, 인구 구성의 변화, 그에 따른 사회, 경제, 정치의 변화를 항상 의식하여 그 정보를 수집하는 것이다.

일본의 총 노동 인구는 4~5년 후에 감소 경향에 들어가게 되고 2006년경에는 일본의 총 인구가 감소하기 시작한다. 그리고 그 후 50년 동안 인구는 3,000만 명 가까이 감소하고 고령화는 한층 더 진행된다. 일본의 전후 사회는 인구 증가를 기초로 하여 구축되어 왔다. 인구 증가가 사회를 움직이는 '보이지 않는 손'으로 작용하고 있었다.

그러면 앞으로는 어떻게 변할 것인가. 이런 발상을 하여 필요한 수단을 강구하고 남보다 우위를 차지하고자 하는 것이 전략적인 대처 방법이 된다. 인구 동향에 관한 여러 가지 정보를 수집하여 그 정보에 의거하여 발상 한다. 이렇게 하는 것이 정보에 관한 전략적 발상이다.

(55 기회와 변화 요인에 관한 파악

변화는 기회

변화는 큰 비즈니스 기회로 이어진다. 따라서 변화를 적극적으로 파악하여 활용해야 한다. 예를 들면 물자가 부족해서 외국에서 수입한다. 이것은 큰 변화로 비즈니스 기회이기도 하다. 식량이 부족하면 새로운 식량과 식품의 개발(신제품의 개발)의 가능성이 있다. 또 여러 가지 규제 완화로 비즈니스 기회를 낳는다.

변화를 비즈니스의 기회라고 생각하는 습관이 생기면 시대의 변화를 보다 빨리 볼 수 있게 된다. 정보에 대해 전략적 발상을 하는 사람은 변화에 민감하게 대처하며 주의를 기울인다. 변화는 전략적 발상을 하는 사람에게는 기회이기 때문이다.

변화 요인을 파악하려면

그러면 어떻게 하면 변화 요인을 포착할 수 있을까.

첫째는 약간 높은 차원에 서서 보는 습관을 익히는 것이다. 지세를 볼 때는 될 수 있는 한 높은 전망대에 서면 크게 볼 수 있다. 큰 변화에 대한 정보를 수집하는 것도 미래를 전망하는 데 중요하다. 예를 들면 신문을 보는 경우에도 책상 위에 신문을 펼쳐놓고 일어서서 보면 중요한 사항이 눈에 들어온다. 높은 차원에서 정보에 접하면 큰 변화 요인을 포착할 수 있게 된다. 일본 전체 혹은 세계 전체의 흐름을 파악할 때도 마찬가지이다. 그런 점에서 외국 여행은 전략적 정보 수집의 좋은 기회가 되기도 한다.

둘째는 크게 생각하는 것이다. 큰 목적과 목표를 실현하려면 그에 상당하는 정보가 필요하며 그것을 위해서는 정보 수집의 관점, 수단, 방법, 범위를 대폭적으로 변경할 필요가 있다. 정보에 관해서 전략적 발상을 하는 사람은 항상 크게 모든 것을 생각하고 또 큰 목적과 목표를 갖는 사람이기도 하다.

전략적 행동을 위한 정보 수집

정보를 어떻게 수집할 것인가. 필자는 신문(일반지, 경제지, 업계지)과 일류 경제 잡지를 기초로 하고 있다. 현재 대학에서 가르치고 있는데 학생들에게도 「일본 경제신문」, 「주간 다이아몬드」, 「이코노미스트」 등을 훑어보도록 조언하고 있다. 특히 읽기만 하는 것이 아니라 스크랩하여 자기 자신의 정보 파일을 만들어서 활용하면 '정보 의식'은 보다 높아질 것이다.

56 장기적인 관점에서 정보를 판단한다

유망한 기회에 투자하기 위해서

창조형 기업가의 행동과 사고의 특징은 투자하는 자본이 최대한 수익을 내도록 하는 데 있다. 투자한 돈이 최대한 수익을 내도록 하기 위해서는 가장 유망하다고 생각되는 기회가 무엇인가를 탐색하여 그 기회에 투자하는 것이다.

투자 자본에 대한 수익이 가장 높아지는, 즉 ROI가 가장 높아지도록 하는 것이다. 이것은 대부분의 사람이 어느 정도의 예금을 가지면 가장 유리한 투자처를 찾아서 될 수 있는 한 높은 배당금 혹은 이자를 얻으려고 노력하는 것과 비슷하다.

창조형 기업가는 어떻게 하면 현재의 경영 자원을 이용해서 자신의 행위와 행동의 결과로 가장 좋은 열매를 맺게 할 수 있을까, 또 수익을 내는 것은 무엇인가를 생각하여 사업을 한다.

현재의 평가에 좌우되지 않는다

창조형 기업가는 어떤 영역에 투자하는 것이 가장 효과적이고 유리한가를 생각하고 여러 가지 분야를 탐색한다. 투자 영역은 대단히 다양하며 그 선택에는 많은 정보와 통찰력, 평가 능력, 장기적 전망이 요구된다. 이 선택을 그르치면 투자한 자원은 헛되고 만다.

그러면 어떻게 유리한 투자 영역을 발견할 것인가. 그때 중요한 것은 현재의 관점에서 판단해서는 안 된다는 것이다. 석탄은 '검은 다이아'라는 말에 매료되어 투자한 사람들 대부분이 실패한 것은 석탄의 미래에 대한 장기적인 전망이 결여되어 있었기 때문이다. 다시 말하면 그 영역은 긴 안목으로 보아도 유망한 것인가라는 검토가 중요한 것이다.

전략적 영역이란 간단히 말하면 현재의 인기 산업에 속하는 것이 아니라 미래의 성장 산업에 속하는 것을 말한다.

57 점점 중요해지는 경쟁 상대의 정보 수집과 분석

'지피 지기면 백전 백승'

창조형 기업가가 정보에 강하다는 것은 이미 설명했는데 그 정보 의식은 전략적 발상에 의거하고 있다는 점에 특징이 있다. 그리고 전략적 발상에 의거한 정보 의식은 종종 경쟁 상대에게 초점이 맞춰져 있다.

창조형 기업가는 일반적으로 말해서 경쟁 의식이 강하다. 항상 경쟁에 이길 것을 생각하고 있다. 창조형 기업가에게서 경쟁 상대를 빼앗아 버리면 그들은 나침반을 잃어버린 배처럼 자칫하면 방향 감각을 잃어버리고 만다.

경쟁 상대를 확실히 알고 있는 경우에는 정보 수집은 상당히 용이하다. 예를 들면 동 업종 타사(카오오 대 라이온, 도요타 자동차 대 닛산 자동차)와 같이 경쟁 상대의 존재가 확실한 경우에는 상대에 대해 여러 가지 조사를 할 수 있다.

경쟁 상대의 전략은 무엇인가, 전략은 어떻게 구성되어 있는가, 단기적으로는 어떤 계획을 가지고 있는가, 경영 자원(사람, 자산, 돈, 정보, 시간)의 세부 사항은 어떻게 되어 있는가, 상대의 강점은 무엇인가, 약점은 무엇인가, 어떤 구조로 조직이 운영되고 있는가 라는 식으로 중요한 경쟁 항목을 들어 조사할 수 있다.

이와 같은 조사는 리서치 전문 회사에 의뢰해도 좋지만 일반적으로 공개되어 있는 정보를 바탕으로 수집할 수도 있다. 신문(일간지, 업계지, 전문지), 잡지(일반 잡지, 전문 잡지), PR지 등을 면

밀히 조사하여 분석하면 정보 수집이 가능하다. 최근에는 데이터 베이스화된 다종 대량의 정보 속에서 경쟁 상대에 관한 정보를 인터넷을 이용하여 수집할 수 있게 되어 있다. 이렇게 공공연하게 수집할 수 있는 정보에 자신의 손으로 수집한 정보를 더해서 더욱 충실하게 하는 것도 필요하다.

경쟁 상대의 정점 관측과 체계적 조사

정보화 시대에는 경쟁 상대가 정확하면 상대에 관한 정보를 공공연하게 수집할 수 있다. 그러나 놀라운 것은 의식적으로 경쟁 상대의 정보를 정확히 수집하고 정리하는 기업은 그리 많지 않다. 자신의 경쟁 상대에 대해 정확히 '정점 관측'과 체계적인 조사를 하는 것이 무엇보다 중요하다.

이때 중요한 것은 평소부터 경쟁 상대를 정확히 파악하고 경쟁 상대에 관한 정보를 수집하기 위한 노력을 게을리 하지 않아야 할 것이다.

항상 경쟁 상대와 경쟁 조건은 변화한다. 자신의 경쟁 상대는 실제로 누구일까, 무엇일까, 어디에 있을까를 현재와 미래에 걸쳐 잘 생각하고 그 경쟁 상대에 대해 정보를 수집해야 한다.

'지피 지기면 백전 백승'

이 유명한 말은 손자병법의 핵심이기도 하다.

자신과 상대를 비교하여 행동을 판단할 수 있으면 이긴다.
유리하고 불리한 정황에 따른 행동을 취할 수 있으면 이긴다.
국민과 군주의 목적이 같으면 이긴다.
대세를 굳히고 상대의 틈을 탐지하면 이긴다.
장수는 잘 싸우고 군주가 간섭하지 않으면 이긴다.
상대를 모르고 나를 알면 일승 일패.
상대를 모르고 나를 모르면 싸움은 반드시 위태롭다.
상대를 알고 나를 알면 백 번 싸워 백 번 이긴다.

58 경쟁 상대의 동향을 정확히 파악하는 두 가지 정보 수집법

정시, 정점에서 데이터를 수집하고 변화를 파악한다

전략적 발상을 하는 사람은 정보를 비교, 분석하기 쉽게 하여 파악하는 경향이 있다.

첫째는 정시, 정점에서 관측하는 방법이다. 정해진 장소와 시간에서 정해진 것을 관측하는 것이다. 이것은 '정점 관측법'이라 하는 것인데 기상 정보를 위한 기상 데이터 관측의 방법과 유사하다.

정시, 정점에서 일정한 것을 관측하여 데이터를 비교하면 변화를 알 수 있다. 공식적인 데이터를 사용하는 경우에는 이 정점 관측법이 유용하다. 문제는 '무엇을' 관측할 것인가. 한 마디로 말해서 경쟁 상대와의 경쟁 항목이 되는 것, 즉 기업이라면 신제품의 발매 경향, 값, 특허 건수 등등인데 이것들은 경쟁 조건에 따라서 변하게 된다. 정점 관측에 의해서 경쟁 상대에게 뭔가 특이한 변화가 나온 경우에는 그 정보가 수집되는 시스템을 만들어 둘 필요가 있다.

아무튼 관측점을 정하여 정점 관측을 할 때 경쟁 상대에 관해 무엇을 관찰하는 것이 가장 효과적이며 또 의미가 있는가를 토의하고 분석해 보면 좋다. 경쟁 상대의 연구는 이 단계에서 시작하는 것이다. 이와 같은 토의와 검토에 참여함으로써 전략적인 정보 의식은 향상한다.

프로젝트=테마로 좁혀 정보를 수집

둘째는 특정한 프로젝트=테마에 따라서 경쟁 상대에 대해 집중적으로 정보를 수집하는 것이다. 예를 들면 경쟁 기업의 R&D(연구 개발), 인재 구성, 투자 계획, 신제품이라는 특정한 테마로 좁혀 집중적으로 조사를 하는 방법으로, 이것을 '프로젝트 관찰법'이라고 부르고 있다.

이 정점 관측과 프로젝트 관찰의 두 가지 방법으로 경쟁 상대의 정보를 파악하면 좋은 정보를 많이 수집할 수 있다.

정점 정보 수집법

필자는 항상 정보 수집의 '정점'을 정하고 있다. 「일본 경제신문」과 「닛케이 유통신문」을 매일 빠뜨리지 않고 훑어보고 한 달에 한 번은 백화점, 슈퍼를 돌고 있다. 또 일년에 한 번은 반드시 미국인과 만난다. 또 특정한 모임과 회의에는 반드시 참석하여 정보 수집에 노력하고 있다. 당신의 정보 수집의 정점(定点)은 무엇인가.

7

창조형 인간의 시간 전략

기회를 포착하여 경쟁에서 우위에 서기 위한 시점

59 전략 타깃으로서의 '시간'

시간 활용을 잘하는 사람은 성공을 거둔다

먼저 경영 자원의 5요소로서 사람, 자산, 돈, 정보, 시간을 들었다. '시간'을 경영 자원의 하나로 꼽는 사람은 별로 없지만 뭔가를 하려고 하는 경우 '시간'은 반드시 제한적인 요소가 된다. 특정한 시간 내에 뭔가를 해야 하고 성과를 올려야 하는 것이 비즈니스의 관례다.

'적절한 타이밍의 결정'이라는 식으로 '시간'은 행동이나 결정의 결과에도 큰 영향을 준다. 시간 활용을 잘하는 사람은 큰 성공을 거두고 시간 활용에 전략적 발상을 한다.

가장 큰 시간 낭비는 하지 않아도 될 것을 하는 것이다. 예를 들면 팔리지 않는 상품을 만들면 만드는 시간과 파는 시간이 낭비가 된다. 개인 업무를 예로 들면 가지 않아도 될 출장을 들 수 있다. 이것은 출장 시간 모두가 낭비가 된다. 타성에 젖은 행동에는 이런 시간의 낭비가 많이 있다. 자신의 행동을 새삼 재고하여 이런 것은 하지 않아도 된다는 것을 열거해 보면 어떨까. 자신이 생각하고 있는 이상의 시간을 낭비하고 있음을 알게 될 것이다.

전략적인 시간 활용의 배후에 있는 경쟁 의식

시간은 누구에게나 평등하게 주어져 있는데 창조형 기업가는 그 활용의 방법이 전략의 전개에 대단히 큰 역할을 한다는 것을 충분히 인식하고 있으며 시간에 대해 항상 특별한 관심을 기울이

고 있다. 그들은 시간에 대해 어떤 발상을 할까.

첫째로 시간의 낭비를 싫어한다. 시간의 낭비는 아무 것도 만들 수 없다고 굳게 믿고 있다. 물론 이 사고방식의 배후에는 '경쟁 의식'이 있다. 앞에서도 설명했지만 전략적 발상을 촉진하는 기본적인 요인의 하나는 경쟁 조건이다. 경쟁 상대보다 우위를 차지하기 위해서는 경쟁 상대보다 시간을 잘 활용해야 하는 것이다.

경쟁 상대도 하루에 24시간이라는 물리적 조건은 같기 때문에 시간 조건을 보다 유효하게 활용하는 쪽이 우위를 차지한다고 생각한다. 따라서 아무 것도 하지 않고 시간을 헛되이 보내는 것은 시간 낭비가 될 뿐만 아니라 경쟁에 지게 되는 것이다.

이런 이유에서 전략적 발상에서는 시간을 최대한으로 활용할 것이 요구된다. 그래서 우선 생각할 것은 일정한 시간 내에 될 수 있는 한 대량의 상품을 만드는 것 혹은 보다 많은 가치를 낳는 것이다.

　일정한 시간 내에 상품을 만들면 원칙적으로는 코스트가 내려가기 때문에 코스트 면에서 경쟁 상대보다 우위에 설 수 있다. 물론 무조건 많이만 만들면 된다는 것은 아니다. 그에 상응하는 품질이나 성능도 갖추어야 한다. 기본적으로는 일정한 시간 내에 될 수 있는 한 많은 가치를 낳는 것이 시간을 보다 유용하게 활용하는 것이 된다.

　과학적 관리법의 아버지라고 하는 테일러나 길브레스의 동작 연구, 시간 연구는 일정한 시간 내에 될 수 있는 한 능률을 올리기 위한 접근법으로 많이 이용되었다. 또 근대적인 기계, 기술, 생산 장치의 대부분은 시간의 활용도를 비약적으로 향상시켰다. 인건비 절약 장치라 일컫고 있는 오토메이션의 설비 기계는 동시에 시간 절약 장치이기도 하다.

　전략적 발상을 하는 창조형 기업가는 시간을 최대한으로 활용하는데 기술이 대단히 큰 역할을 한다는 것을 알고 큰 관심을 기울인다. 일본의 창조형 기업가는 제2차 세계 대전 후 앞 다투어 외국에서 기술을 도입했다. 그 대부분은 제조 기술이며 경쟁 타사보다 대량으로 물건을 만든다. 그리고 생산성을 향상시키는데 주안점을 두고 있다.

　시간의 활용에 대단히 큰 역할을 하는 속도에도 창조형 기업가는 항상 큰 관심을 보여 왔다. 기계의 속도를 올리면 제품의 생산성도 올라간다. 그러나 생산의 속도 이외에도 연구 개발의 속도나 정보의 전달 속도, 상품이나 서비스의 처리 속도, 수송 속도, 의사 결정의 속도에도 관심을 보여 왔다.

최근 택배와 같이 시간을 전략적인 상품으로 제공하는 새로운 사업이 출현하고 있다. '3분'이라는 인스턴트 식품, 24시간 영업하는 편의점, 바로 식사할 수 있는 패스트푸드, 레스토랑, 사진이나 필름 30분 현상이라는 비즈니스도 모두 시간을 전략 타깃으로 개발한 것이다.

그리고 최근 경영 활동에서 '시간'의 의미가 크게 부각되었다. 신제품 개발의 스피드 업, 유통시간의 단축, 인재 육성 기간의 단축, 건물이나 도로의 완공 기간의 단축은 큰 전략적 테마가 되어 있다. 또 경쟁 상대의 신제품, 새로운 사업의 라이프사이클을 예측하여 '수명'이 끝난 다음을 계획한다. 기업 활동을 '시간'으로 파악하는 전략적 발상은 앞으로 점점 더 중요하게 될 것이다.

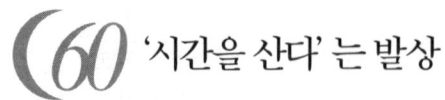 **'시간을 산다'는 발상**

M&A에서 보는 기업의 시간 의식

전략적 기업가는 종종 '시간을 산다'고 말한다. 미국을 중심으로 기업 인수(M&A)가 대단히 활발하게 행해져 왔다. 미국 산업의 경쟁력을 약화시킨 것은 M&A라는 의견도 있다. 일본 기업에 의한 M&A도 증가하고 있다. 소니의 콜롬비아 영화 인수를 비롯하여 미국 진출을 꾀하는 일본 기업에 의한 현지 기업의 인수는 한동안 주목을 끌었다.

기업이 M&A를 행하는 이유는 기업이 판매망을 만들고 제조 기술을 개발하기 위해 필요한 '시간'을 산다는 것이다. 자신의 손으로 필요한 기술을 개발하려면 인재와 자금뿐만 아니라 상당한 시간이 걸린다. 그래서는 시장에 조기에 진출할 수 없고 경쟁 상대에게 지게 되는 경우도 있다. 판매망을 확장하는 것도 마찬가지다. 그렇다면 차라리 필요로 하는 기술을 가지고 있는 회사를 매수하는 것이 빠르다는 것이다. 시간을 산다는 것은 이런 의미이다.

금융 기관에도 비슷한 경향을 볼 수 있다. 은행 지점망을 확장하기 위해서는 시간이 걸린다. 그래서 금융의 재편성이라는 명목으로 합병이 행해지게 되는 것이다. M&A는 기업이 성장하기 위한 시간을 사는 방법이기도 하다.

일상 생활 속에서 시간을 사는 행동

'시간을 산다'는 발상은 경쟁 상대보다 우위에 서기 위해서는

시간이 중요한 요소라는 것을 의식하기 때문에 생겨난다.

우리들은 일상 생활에서도 무의식적으로 이와 같은 행동을 한다. 보통 열차를 타는 대신 특급이나 신칸센을 타고 비행기를 이용한다. 또 커뮤니케이션 수단으로 편지보다 전화나 팩스를 이용한다. 이것이 시간을 사고 있는 것과 같은 것이다.

61 의사 결정과 행동의 타이밍을 그르치지 말라

전략적 행위로서의 의사 결정

의사 '결정'을 할 때 혹은 어떤 '행동'을 할 때 그 성패를 좌우하는 것이 '타이밍'이라는 시간적 요소다. 시간에 관한 전략적 발상 중에서 가장 중요한 포인트라 할 수 있다.

그 전형적인 예는 전쟁에서 볼 수 있다. 밀려오는 적을 격퇴하기 위해 잠복하고 있는 아군의 총구를 언제 열어야 할 것인가. 지휘관은 '발사' 명령을 내리기 위한 타이밍을 본다. 최대한 적을 끌어 들여서 타이밍에 맞추어 일제히 발사하면 적병은 허둥지둥 쓰러져 도망쳐 버린다. 이런 장면을 영화에서 본 적이 있을 것이다.

'기적의 철수 작전'을 성공시킨 타이밍 읽기

제2차 세계대전의 말 일본군이 아류선 열도의 키스카 섬에서 철수하게 되었을 때의 일이었다. 앗츠 섬에서는 상륙해 오는 미군과 싸워서 일본군이 전멸해 버렸지만 키스카 섬에서는 무사히 철수했다. 이것을 '기적의 키스카 섬 철수 작전'이라 일컫고 있다. 미군은 일본군이 철수하여 무인도가 된 키스카 섬에 폭탄을 대량으로 투하하고 상륙 작전을 펼쳤는데 섬은 알맹이가 빠져나간 빈 껍질뿐이어서 전쟁사에서 웃음거리가 되었다.

철수 작전이 성공한 것은 타이밍이 좋았기 때문이다. 철수 작전은 극비리에 행해졌다. 안개가 끼는 시간을 택해서 일본의 군함이 키스카 만에 들어왔다. 해안에 집합하여 철수를 대기하고 있던 군대가 단시간에 군함에 올라타고 재빨리 철수한 것이다. 이때 지휘관의 철수 명령을 내린 타이밍은 탁월했다.

걸프전에서 세계 사람들을 놀라게 한 것 중에 '패트리어트' 요격 미사일이 있다. 이라크군이 공격해 오는 대부분의 스커드 미사일을 잘 포착하여 격추했다. 스커드 미사일은 왜 떨어졌는가. 타이밍의 관점에서 설명하면 패트리어트가 스커드 미사일의 비행 진로를 정확히 포착하여 타이밍을 맞춰 요격했기 때문이다. 전자 기기가 스커드 미사일을 발사하는 타이밍을 정확히 포착한 것이다.

62 좋은 타이밍에는 운명적인 요인도 작용한다

결정적인 타이밍을 놓치지 말라

비즈니스와 전쟁을 동일시하는 것은 불가능하지만 여러 면에서 공통점이 있다. 그중 하나가 앞에서 설명한 '타이밍'의 중요성이다.

비즈니스에서는 결정적인 순간이 있다. 그것이 바로 '타이밍'이다. 언제 결정하였는가, 언제 행동에 들어갔는가, 그 '때'가 훗날 비즈니스의 성과에 영향을 준다.

M&A에 성공하기 위한 중요한 조건 중의 하나는 인수 교섭에서 손을 쓰는 타이밍이다. 투기에서 성공하는 것도, 큰 거래에서 성공하는 것도, 주식 투자로 큰 수익을 올리는 것도 의사 결정의 타이밍이 중요한 조건이 된다. 신제품의 발매가 잘 되고 안 되고 하는 것도 발표와 발매의 타이밍이 크게 좌우한다.

한 마케팅 전문가는 "같은 제품을 3년 전에 발매했을 때는 잘 안 팔렸다. 그런데 지금은 이렇게 많이 팔리는 것은 결국 타이밍의 문제가 아니겠는가"라고 말한다.

비즈니스의 결정적인 순간이란 패트리어트 미사일을 발사하는 버튼을 누르는 순간과도 같다. 버튼을 누르는 순간을 잘못 판단하면 비즈니스는 실패로 끝난다. 전략적인 의사 결정의 타이밍은 결정적 순간인 것이다.

운이 운을 부르는 경우도 있다

전략적 발상을 하는 사람은 항상 뭔가 큰 것이나 전략적 행동을 하기 전에 어떻게 하면 타이밍을 잘 맞출 수 있을까를 심사숙고한다. 시간은 사람, 자산, 돈, 정보와 달라서 눈에 보이지 않는 것이다. 하지만 전략적인 요소로서의 중요성은 때로는 다른 자원보다 상위에 놓인다고도 할 수 있다.

그러면 타이밍을 잘 맞추려면 어떻게 하면 될 것인가. 타이밍에는 운명적인 요인도 있다. 대수롭지 않게 생각하고 준비도 하지 않았는데 운이 좋아서 잘 된 경우가 있다. '운'이 '운'을 불러서 일이 잘 되었다는 경우도 있다.

어려운 프로젝트나 문제 해결을 담당하는 리더를 임명할 때는 운이 좋은 사람을 선임하면 좋다고 하는 사람도 있다. 경영자의 선택에서도 '운'이 있는 사람을 선임하라고 조언하는 사람도 있다. 거짓말 같은 이야기지만 중역을 선임할 때 후보자 리스트와 약력을 점쟁이에게 가져가서 운이 좋은 사람을 고르게 하여 그에 따라 최종적인 판단을 내렸다는 일화가 있다.

(63 타이밍을 정확히 파악하려면

타이밍 의식을 강하게 작용하게 한다

힐튼호텔의 창업자로 세계의 호텔왕이라 일컫는 콘라드 힐튼은 자서전의 제목을 「나를 럭키라 불러 주게」라고 붙이고 있다. 정말 그랬었는지 혹은 겸손인지 몰라도 성공한 사람들은 종종 '나는 운이 좋았다'며 성공의 원인을 운에 돌리고 있다.

운이나 운명, 행운에는 분명히 우연성의 요소가 있다. 하지만 노력하면 운을 잡을 수 있는 확률은 높아진다. 다시 말하면 의사 결정이나 행동을 할 때 최적의 타이밍을 잘 파악하는 것은 우연한 것처럼 보이기도 하지만 노력하면 확률은 높아질 수 있다.

어떻게 하면 최적의 타이밍을 잡을 수 있는가.

첫째는 '타이밍 의식'을 갖는 것이다. 뭔가를 결정하고 행동할 때 '이 타이밍이면 될까'라고 생각해 보는 것이 중요하다. 타이밍을 의식하여 결정하거나 행동하도록 평소부터 노력하기만 해도 상당히 향상된다.

노력에 따라 타이밍의 파악 정도는 향상된다

대부분의 사람들은 어떤 결정을 하거나 행동하는 경우에 타이밍을 전혀 고려하지 않는 경우가 많다. 타이밍을 의식하고 나서 의사 결정하거나 행동을 하는 사람이 '타이밍 의식이 강한 사람'이다. 전략적 발상을 하는 기업가, 정치가, 군사 전략가들에게는 항상 타이밍 의식이 강하게 작용하고 있다.

필자가 아는 한 기업가는 항상 뭔가 중대 결정을 할 때는 결정의 타이밍이 언제가 좋은가를 부하에게 철저히 조사하게 한다. 부하가 제안한 아이디어를 OK할 때도 '실시 타이밍만은 잘 봐 두라'는 지시를 내린다.

그는 "세상에서 말하는 기회란 스스로 포착하려고 노력하지 않으면 포착할 수 없다. 기회는 곧 승기와 통하는 것이다. 전쟁에서 승기는 지휘관이 포착한다. 기회는 비즈니스맨이 포착하는 것이다"라고 말했다. 기회를 포착하려고 하는 창조형 기업가에게는 항상 타이밍에 대한 의식이 강하게 작용하고 있다. 그리고 타이밍의 종류에 따라서 사전에 그 구조를 알고 적절하게 접근을 하면 그 파악 정도가 상당히 향상될 수 있다.

64 경쟁 우위를 차지하기 위한 시간의 활용

집중적으로 시간을 활용한다고 하는 발상

시간에 관한 전략적 발상=전략적인 시간 활용법은 시간을 가치 있는 것을 위해 집중적으로 활용한다는 사고방식이다. 자신에게 가치 있는 것이 무엇인가를 항상 생각하고 자신에게 주어진 시간을 최대한 가치 있는 일에 사용하도록 한다.

또 자신이 해야 할 수많은 항목의 중요도를 비교 검토하여 우선순위를 매겨 우선순위가 높은 것부터 정리해 나가도록 한다. 이것을 중점 관리라고 하는 사람도 있다. 전략적 발상을 하는 사람은 이 중점 관리를 대단히 잘한다.

전략적 발상의 원칙 중의 하나는 '집중한다'는 것이다. 거기에는 목표를 달성하기 위해 가질 수 있는 자원을 집중하면 좋은 결과를 얻을 수 있다. 그리고 이러한 사고방식은 시간을 집중해서 활용하는 중점 관리의 방법에 포함된다.

한정된 시간 자원을 유효하게 사용하려고 하는 이유

전략적 발상을 하는 사람은 일을 처리하거나 문제에 몰두할 때 혹은 뭔가 중요한 프로젝트의 성공을 위해 시간에 대해 어떤 생각을 하는가.

그들이 재빨리 행동에 나서거나 매우 빠르게 일을 처리하고 싶어 하고 일을 추진하려고 하는 이유는 무엇인가. 또 보다 빠른 수송 수단, 교통 기관, 통신 수단을 추구하는 이유는 무엇인가. 보다 빠른 제조 기계나 시스템을 추구하는 이유는 무엇인가.

한정된 시간 자원을 유용하게 사용하기 위해서다. 단위 시간 내에 보다 많은 것을 생산하려고 하는 사고방식도 있다. 단위 시간 내의 처리 속도가 오르면 대부분의 경우 코스트도 떨어진다.

하지만 골똘히 생각해 보면 그 배경에 있는 것은 '경쟁' 의식이다. 전략적 발상을 하는 사람은 의식적, 무의식적으로 항상 발상의 근저에 경쟁 의식을 가지고 있다. 경쟁 상대와의 관계에서 항상 우위에 설 것을 생각한다. 따라서 경쟁 상대가 없으면 전략적 발상도 나오지 않는다. 경쟁 상대가 있고 그 경쟁 상대보다 우위에 서려고 하는 경우에 전략적 발상이 나오게 되는 것이다.

(65 시간의 우위성이 강력한 무기가 된다

기술 분야에 불가결한 '선수 필승'의 발상

경쟁 상대보다 우위에 서려면 어떻게 해야 하는가. 경쟁 우위를 차지하기 위해서는 일반적으로 '집중', '차별화', '코스트'의 세 가지 접근 방법을 취하는 것이 원칙으로 되어 있다. 이밖에도 시간적 우위에 선다고 하는 것도 중요한 전략적 발상의 기초라고 할 수 있다. 그러면 시간적으로 우위에 서기 위해서는 어떤 발상이 필요한가.

첫 번째 전략적 시간 활용법으로 '선수 필승'이라는 발상이 있다. 경쟁 상대보다 시간적으로 앞서면 우위를 차지할 수 있다고 하는 사고방식이다. 물론 미리 앞선다고 해서 항상 이길 수 있는 것은 아니지만 비즈니스에서는 종종 우위에 설 수 있다.

그 알기 쉬운 예는 특허다. 개발한 기술로 특허를 취득하려면 경쟁 상대보다 먼저 발명하여 먼저 출원 등록하는 것이 기본이다. 특허권을 획득하기 위한 조건은 나라에 따라서 약간 다르지만 기본적으로는 경쟁 상대보다 앞서 발명해야 한다. 특히 기본적인 기술의 경우에는 이 선행성이 경쟁상 절대적인 우위를 차지하는 조건이 되는 것은 틀림없다.

기술 혁신의 시대라고 하여 기술의 중요성이 강조되는 현대는 R&D(Research and Development) 경쟁의 시대이기도 하다. 혁신적인 기술을 타사보다 앞서 개발하여 기술적 우위를 차지한 곳이 비즈니스에서 앞서 간다. 기업들은 자사의 기술 개발을 위해 경영 자원을 적극적으로 투입하는 한편, 어느 회사가 기술 개발에서 앞서 가고 있는가 하는 점에 큰 관심을 가지고 정보 수집에 대단한 노력을 한다. 그 결과 종종 기업 스파이 사건이 발생하기도 한다.

어떤 기술로 경쟁 우위를 차지할 것인가는 업종이나 산업 분야에 따라 다르다. 그러나 경쟁 타사와 확실하게 차이를 나게 하는 기술, 즉 전략적인 기술이 무엇인가를 먼저 확인할 필요가 있다. 이것이 확인되면 선수 필승의 발상이 작용하여 타사보다 앞서서 기술 개발을 하려고 하는 치열한 노력이 펼쳐지게 된다.

기술 개발을 위한 시간과의 싸움이 시작되며 모든 측면에서 속도를 올리는데 최선의 노력을 경주하게 된다. 신제품 개발 경쟁에는 이와 같은 경우를 많이 볼 수 있다. 특히 하이테크 분야에서 현저하다.

'시간'을 매물로 한 비즈니스 전략

시간을 상품으로 하는 기업도 출현하게 된다. 경쟁 회사보다 빠르고 확실하게 물건을 운반하는 전략을 전개하여 성공한 대표적인 기업은 페더럴 익스프레스라는 미국 택배 회사다. 이 회사는 비행기와 컴퓨터 시스템을 이용하여 맡은 상품을 국내의 한 거점에 모아서 거기서 행선지별로 분류한 후 이튿날 전달하는 대담하고 기발한 배달 업무를 수행했다. 이것은 '시간'을 비즈니스 전략으로 한 흥미 있는 사업인데 일본 택배 회사에서도 유사한 형태를 볼 수 있다. 물류 시스템의 대부분은 시간을 전략으로 한 것이라고 할 수 있다.

경쟁 타사보다 시간적으로 앞서는 것이 전략적으로 중요하다는 것을 보여주는 사례는 우리 주변에서 많이 볼 수 있다. 경쟁 타사가 손을 대기 전에 한 경영 자원을 선취해 버리는 경우나 새로운 시장에 타사보다 먼저 진출하거나 동업종 타사보다 먼저 한 도시에 지점을 개설하여 시장을 구축해버리는 예도 있다. 후발 기업은 어지간한 경쟁력을 갖지 못하는 한 선도 기업과 대결하기 힘들다.

시간이 비즈니스 전략인 경우에는 빠르게 모든 것을 처리하는 기기와 시스템이 필요하게 된다. 전술한 바와 같이 전략적 발상을 하는 사람은 그런 기기와 시스템에 항상 관심을 갖는다. 그것은 경쟁 타사보다 빨리 신제품을 판매하거나 고객들에게 전달하는 것으로 경쟁 우위를 차지할 수 있다고 항상 생각하고 있기 때문이다.

비즈니스맨도 단순히 능률을 올리는 데만 시간을 낭비하는 것이 아니라 항상 전략적으로 '시간'의 의미를 생각하고 시간을 활용하는 것이 중요하다.

66 시간은 가장 가치 있는 것에 사용한다

전략적 발상을 하는 사람은 시간을 낭비하지 않는다

전략적 발상을 하는 사람은 시간에 대해서도 독특한 발상을 한다. 그리고 시간의 활용법이 뛰어나다. 그들은 1분 1초의 시간이 아까워서 억척 같이 일을 처리하고 시간을 절약하는 일은 별로 하지 않는다. 때로는 유연한 태도로 시간이 저절로 지나가는 것을 즐기고 있는 것 같이 보이기도 한다.

그러면 전략적인 시간 활용법이란 어떤 것인가. 시간에 대한 전략적 발상이란 어떤 것일까.

첫째는 시간을 가장 가치 있게 사용하는 것이다. 아무리 빠르게 일을 처리해도 그 결과가 아무 가치도 없고 무의미한 것이라면 그 때문에 소요된 시간은 낭비가 되어버린다. 시간을 헛되이 사용하면 시간은 낭비된다는 생각이다. 따라서 하지 않아도 될 것에 시간을 사용하지 않도록 노력한다. 될 수 있는 한 가치가 있는 것에 시간을 사용하도록 하면 시간의 활용도는 향상될 것이다.

전략적 발상을 하는 사람은 한정된 시간 자원을 무엇에 사용하면 좋을까, 무엇을 하는 것이 시간의 활용과 결부될 것인가를 항상 생각하고 있다. 그리고 그것은 간단히 말하면 자신에게 가치 있는 것에 시간을 사용하는 것이다.

자신에게 가치 있는 것이란 무엇인가

그러면 자신에게 가치 있는 것은 무엇인가. 그것은 개인적인 경우가 많은데 반드시 개인의 금전적 이익과 관계가 있는 것은 아니다. 개인적으로 달성하고 싶다고 열망하는 것으로 그것이 사회적인 공헌이 되는 것도 있는가 하면 소속되어 있는 그룹의 목표 달성에 참여하는 것이 되는 경우도 있다. 뭔가 성취할만한 가치 있는 것이 가치 있는 것이다.

전략적으로 시간을 활용하는 사람은 자신에게 가치 있는 것을 항상 의식하고 있다. 여러분도 자신에게 있어서 가치 있는 것이란 무엇인가를 진지하게 생각한 적이 있을 것이다. 그것을 생각하고 될 수 있으면 10개 항목으로 메모해 두기 바란다. 그것을 메모하지 못하는 사람은 자신이 죽을 때까지 하고 싶은 것, 자신의 인생의 꿈이 무엇인가를 구체적으로 생각하고 그것을 써보면 될 것이다.

나무랄 데 없는 인생을 후회 없이 마치고 죽음에 임하여 '아아, 나는 멋진 인생을 보냈다'고 생각하기 위해 자신은 무엇을 하면 될 것인가를 생각해 보는 것이다. 그것은 하나가 될 필요는 없다. 여러 개라도 상관없다. 그것을 메모하다 보면 자신에게 진정으로 가치 있는 것이 무엇인가를 발견하게 되는 경우도 많다.

67 우선순위에 따라서 시간을 배정한다

시간을 잘 활용하려면 우선순위에 대한 판단이 필수적이다

두 번째 전략적 시간 활용법은 우선순위가 높은 것부터 처리하는 것이다. 장, 단기적으로 매일 우리들이 처리해야 할 것은 많다. 주위에서 보면 시간이 늘 부족하고 일에 쫓기는 사람을 볼 수 있다. 하지만 자세히 살펴보면 모든 일에는 우선순위가 있다는 것을 알 수 있다.

전략적 발상을 하는 사람은 이 우선순위에 따라서 일을 처리하는 것이다. 무엇이든 닥치는 대로 처리하는 것이 아니라 처리해야 할 우선순위가 높은 것부터 손을 댄다. 즉 한정된 시간을 우선순위가 높은 항목부터 처리하도록 하는 것이다.

시간 활용이 서투른 사람은 우선순위를 정하지 못하고 일을 처리하는 경우가 많다. 그리고 대개의 경우 너무 급히 정리하지 않아도 되는 것부터 처리하려고 한다. 그 결과 시간이 부족해서 처리해야 할 중요한 일을 처리하지 못하고 하루를 마치게 되는 것이다.

무엇이 보다 중요한 사항인가를 판단할 수 있는 능력도 당연히 필요하다. 처리해야 할 사항에 우선순위를 매기기 위해서는 각 항복에 대해 정확한 평가를 해야 한다. 그 평가는 앞에서 설명한 '가치 있는 것이 무엇인가' 라는 것과도 관계된다. 가치 있는 일을 위해 실행해야 할 중요 항목이 무엇인가를 정하고 우선순위를 정한다.

우선순위를 매기기 위해서는 매일 정리해야 할 사항을 메모하면 된다. 그리고 그 항목에 우선순위를 매기도록 하는 것이다. 같은 것을 일주일 단위로 혹은 한 달 단위, 일년 단위로 시도해 보면 된다.

시간을 잘게 나누지 않고 집중적으로 사용한다

세 번째 전략적 시간 활용법은 시간을 분산해서 사용하지 말고 어떤 목적을 달성하기 위해 집중적으로 사용하는 것이다. 전략적으로 시간을 활용하는 사람은 이것저것 한꺼번에 손을 대지 않는다. 주어진 시간을 분산하여 사용하지 않고 중요한 일에 집중한다. 이것이 시간의 집중적 활용이다.

시간은 한정된 자원이다. 시간의 사용법이 뛰어난 사람을 보고 있으면 반드시 일정한 시간 내에 일을 처리하고자 한다. 그리고 큰 문제는 충분한 시간을 배분하여 차분히 처리한다.

반대로 시간 활용이 서투른 사람은 사소한 일에 이것저것 손을 대서 시간을 쪼개서 사용하고 있다. 그 결과 큰 문제를 처리하지 못할 뿐만 아니라 손을 댄 모든 것이 어중간하게 되어 버리는 것이다.

이것을 다른 각도에서 보면 시간을 집중적으로 활용할 수 있는 사람은 글자 그대로 시간을 사용하고 있는 것이며 분산시켜버리는 사람은 반대로 시간이 그 사람을 사용하고 있다고도 말할 수 있다.

또 이것은 '지속' 이라는 현상이 되어 나타난다. '지속은 힘이다' 라는 격언이 있다. 혁신적이고 거대한 프로젝트를 성공시키기 위해서는 리더가 부하와 더불어 자신이 갖는 모든 시간 자원을 프로젝트에 집중해서 지속적으로 몰두해야 한다.

　다른 한편 자신이 없는 것에 시간을 사용하는 것은 시간의 낭비가 된다. 전략적 발상을 하는 사람은 자신이 있는 것, 즉 자신의 강점을 살릴 수 있는 것에 시간을 사용해야 시간의 활용도는 향상된다고 생각한다. 자신이 없는 것은 누군가 다른 사람이 하도록 한다. 이 발상은 앞에서 설명한 '타인의 시간을 산다'고 하는 사고방식과 일맥상통한다. 전략적 발상을 하는 사람은 이와 같이 시간을 '창조하는' 사람이기도 하다.

8

창조형 인간의 리더십

격동기에 기회를 포착하기 위해 무엇을 생각하고 어떻게 움직일 것인가

68 격동기에 우수한 리더가 나타난다

메이지 시대의 리더

평화의 시대, 즉 세상이 안정되어 있을 때는 이상하게도 영웅다운 영웅이 나타나지 않는다.

예를 들면 도쿠가와 시대에는 영웅다운 영웅은 나오지 않았다. 그러나 예술가는 많이 배출되었다. 또 일본에서 수학과 과학의 선구자인 타카카즈나, 히라가 겐나이, 모험가인 마미야 린조, 검객 미야모토 무사시도 나타났다.

그런데 시대를 움직인 '명장'이라 할만한 인물은 좀처럼 머리에 떠오르지 않는다. 쿠로후네(서구에서 일본으로 내항한 범선-역주)가 내항하여 일본의 개국을 압박하는 격동기에는 곳곳에서 영웅이 다시 출현한다. 카츠 카이슈, 사이고 타카모리, 카츠라 코고로오, 사카모토 료오마 등등. 아무튼 영웅이라 불릴 만한 리더들이 속속 등장하게 된다.

메이지 시대도 많은 영웅들이 등장했다. 청일 전쟁, 노일전쟁 때도 영웅이 많이 나왔다. 노기 대장, 토오고오 원수, 오오야마 원수 등이 그 대표적인 인물들이다.

216

그 당시 정치, 군사 분야에만 한정되지 않고 교육계에서도 훌륭한 인물들이 많이 나왔다. 와세다대학을 설립한 오오쿠마 시게노부, 케이오대학의 후쿠자와 유우키치, 도오시샤 대학의 니이지마 등 교육계 리더는 거의 메이지 시대에 등장했다. 츠다쥬크의 설립자 츠다 우메코는 열 살도 안 된 나이에 미국으로 건너가 교육을 받았고 귀국한 후 여성 교육계의 리더가 되었다.

경제계에서도 같은 현상을 볼 수 있다. 스미토모, 미츠비시, 미츠이, 야스다와 같은 재벌의 대부분은 메이지 시대에 배출되었고 조직의 기초를 굳혔다고 할 수 있다. 제2차 세계대전 후 재벌은 점령군에 의해서 해체되어 모습은 변했다고는 하지만 지금도 재벌 그룹으로서 불사조처럼 재생하고 있다.

오늘날 많은 대기업도 처음에는 조그만 회사였고 창업의 시기는 대부분 메이지 시대의 격동기로 거슬러 올라간다. 대기업 창업자들 대부분은 이 시기에 사업을 기획하고 회사를 발전시켜 오늘에 이르고 있다.

얼마 전 교토에 있는 일본 전지 공장을 방문한 적이 있다. 정문 현관 옆에 일본의 에디슨이라고 일컫는 창업자 츠시마 겐조가 운전한 전지 자동차가 놓여져 있었다. 이 회사의 브랜드 GS는 이 창업자의 이름에서 따온 것이라고 한다. 회사의 창립은 1917년이지만 츠시마 겐조가 전지 제작에 성공한 것은 1895년이니까 회사의 기원은 역시 메이지 시대로 거슬러 올라간다.

우수한 리더는 인재 육성의 노력에서 나온다

격동기에는 우수한 리더가 배출된다. 혼자서 일을 하는 전문가

보다 조직을 만들어 조직을 움직이는 리더가 활약한다. 흔히 시대가 리더를 요구하고 리더를 만든다고 한다. 기업의 경우에도 마찬가지다.

안정적으로 성장하고 있는 회사에서는 걸출하게 뛰어난 경영자는 좀처럼 나타나지 않는다. 그런데 회사가 위기에 직면하여 도산 위기에 몰리게 되면 탁월한 리더가 나타나 회사를 재건하는 경우를 흔히 볼 수 있다. 기업 환경이 급변하여 기업이 큰 변화가 요구되는 시기가 되면 리더라 일컬을 만한 인물이 많이 나타나는 것이다.

물론 위기에 처했을 때 모든 조직에서 그런 리더가 출현한다는 것은 아니다. 리더가 될 수 있는 인재가 그 조직에 있기 때문에 위기에 직면하여 그 인물이 부각될 수 있는 것이다. 따라서 위기에 대처할 수 있는 인재가 그 조직에 많이 잠재해 있어야 한다. 그리고 평소 인재가 교육을 받는 기회가 많아야 한다.

도쿠가와 시대에는 테라코야를 중심으로 국민교육 시스템이 만들어져 있었고 각 항(藩, 에도 시대의 영주의 지배 영역 및 지배 기구의 총칭―역주)이 인재 교육을 열심히 행했다. 메이지 정부도 교육에 열심이었다.

제2차 세계대전 후 일본 부흥의 원동력이 된 것은 정부와 재계가 수립한 산업 교육 정책이었다. 대부분의 기업은 여러 가지 연수 프로그램을 작성하여 인재 육성에 주력했다. 재계에서는 서로 앞 다투어 훌륭한 교육 연수 기구를 만들었다. 이런 인재 육성의 노력이 있을 때 시대 혹은 기업 환경이 인재를 요구하면 훌륭한 리더가 출현할 수 있게 되는 것이다.

전략가의 특질

진정한 전략가는 운도 영감에도 의존하지 않는다. 진정한 전략가에게는 신뢰성이 높고 성공하기 위한 처방이 있다. 그 처방은 필자가 전략적 사고라고 부르고 있는 분석이라는 수단과 유연한 두뇌를 결합한 것이다. 이 두 가지는 서로 다른 것을 보완한다. 전략적 사고가 창조적인 활동을 하기 위해서는 우수한 통찰력과 풍부한 분석이 요구된다. 훌륭한 분석을 하려면 전략적이고 호기심이 넘치는 두뇌가 정확한 의문을 가지고 해결 지향형의 설문에 준비하는 것이 필요하다.

69 스스로 변화를 일으켜라

탁월한 리더는 변화를 건설적으로 활용한다

격동기 혹은 난세에는 왜 영웅적 리더가 출현하는 것일까. 그것은 진정한 리더들은 변화를 기회로서 포착하고 거기서 뭔가를 창조하려고 하는 발상을 가지고 있기 때문이다.

안정된 시대에는 과거의 관례나 사고방식을 지키고 꾸준히 노력하면 일이 진행된다. 이때 약간의 개선과 개량이 이루어지면 되고 사람들은 안정적인 분위기에 만족한다. 그래서 비약은 없고 조직적인 창조는 이루어지기 어렵다. 약진이나 비약의 기회는 결여되고 리더에게는 솜씨를 발휘할 곳이 없는 것이다.

앞에서도 언급했지만 전략적 발상의 하나는 변화가 있을 때 기회를 찾아 이것을 적극적으로 활용하여 뭔가를 낳게 하려는 발상이다. 전략적인 기업가는 변화 속에서 창업한다. 뭔가 큰 사건이 일어나면 그 사건에 사업 기회는 없는가 하고 생각한다. 전쟁, 재해, 사변, 규제 강화, 규제 완화, 마찰, 위기, 패닉 등 그때까지의 안정 상태를 깨뜨리는 것은 영웅이나 리더 그리고 창조형 기업가에게 전략적인 발상을 하도록 작용한다.

자신의 손으로 변화를 일으킨다

창조형 기업가는 전략적 발상을 할 때 전통이나 상식, 관습, 굴레를 우선 무시하고 변화 속에서 새로운 가치의 창출을 생각한다. 그리고 새로운 전통, 새로운 상식, 새로운 구조가 생기고 새로운 가치가 생긴다. 이것을 재구축이라고 한다.

창조형 기업가들 중에는 변화의 도래를 기다리지 않고 자신의 손으로 변화를 일으키는 사람도 많다. 시대가 안정되어 아무 변화도 일어나지 않는다면 자신의 손으로 변화를 창조하는 것이다. 그 이유는 변화를 일으키지 않으면 발전은 없다고 생각하기 때문이다.

새로운 상품, 새로운 시스템, 새로운 조직 구조, 새로운 인사 시스템 등 그때까지 없었던 것을 시작하고 변화를 일으킨다.

전략적 발상을 하는 사람은 변화를 잘 일으키고 이 변화를 디딤돌로 하여 새로운 전기를 마련하는 사람이기도 하다. 변화가 일어나지 않으면 자신의 손으로 변화를 일으키고 변화를 적극적으로 활용하여 새로운 가치를 창조하기도 한다.

(70 전략적 발상에서의 '변화'의 추구

변화에 편승함으로써 지지를 모은다

시대를 이끌어가며 역사에 이름을 남긴 리더는 항상 '변화'를 이끌어낸다. 미국의 대통령 J.F.케네디, R.레이건도 항상 '변화'를 입에 담고 있었고 클린턴, 부시 대통령도 미국의 변화를 정치전략으로 대통령이 되었다. 일본의 고이즈미 수상도 '변화'와 '구조 개혁'을 외치며 수상 자리에 앉았고 닛산 자동차의 카를로스 곤 역시 마찬가지다.

전략적 발상의 기본에는 '변화'의 추구가 강하게 존재하고 있는 것이다. 앞에서도 언급했지만 역사의 명장, 대 정치가라는 사람들 중에는 '변화'에 편승하여 변화를 교묘하게 이용한 사람, 변화를 창조한 사람이 많다. 도요토미 히데요시는 '세상을 바로 잡는다'며 '변화'를 정치에 이용했다.

지금 기업의 재구축을 외치고 있는데 이것도 '변화'의 하나다. 과거의 노선에서 한 걸음 더 내디뎌서 다른 노선을 걷거나 다른 방식을 채용하는 것도 변화지만 전략적 발상이 요구하는 변화는 항상 혁신적이며 창조적인 것이 핵심이다.

전략적 발상에 의한 변화에는 기술적인 것이 있는가 하면 제도나 구조, 사고방식, 목적, 목표, 역할 등 여러 가지가 있다. 그러나 세상 사람들 대부분은 큰 변화가 일어나는 것을 그다지 좋아하지 않는다. 의식적, 무의식적으로 변화가 일어나지 않도록 행동한다. 변화하는 것에 불안을 느끼고 불쾌감을 느끼는 것이 세상의 관례다.

'체인지 마스터'가 새로운 현실을 만든다

그런데 전략적 발상을 하는 사람은 변화를 좋아하고 과감하게 변화를 일으키려고 한다. 뭔가 터무니없는 것을 기획하여 저지르는 경우가 많다. 세상이 안정되어 있으면 따분함을 느끼는 일도 있다. 조직이 침체하여 분위기가 가라앉아 있으면 그 상태를 불쾌하게 생각하고 조직을 어떻게든 다이내믹하게 바꾸려고 한다.

그 대표적인 것은 쿠데타나 혁명이다. 회사에서는 M&A나 전략적 제휴, 경영진의 교체 등이 있고 미국에는 M&A를 몇 번 반복하고 있는 사이에 업종 전환을 한 회사도 있다.

변화를 전략으로 받아들여 성공한 사람을 미국에서는 '체인지 마스터(변혁의 달인)'라고 부른다. 그들은 글자 그대로 변화시킬 뿐만 아니라 그 변화를 교묘하게 실현시키는 방법도 터득하고 있다. 그리고 그 변화를 바탕으로 새로운 세계를 전개해 가는 사람이기도 하다.

세상에는 변화의 필요성을 주장하고 실제로 변화를 일으키려고 하는데 그것만으로 그쳐버리는 사람이 많다. 체인지 마스터라 불리는 사람들은 변화를 주장하고 일으킬 뿐만 아니라 그것을 새로운 현실로 만드는 것에도 뛰어나다.

71 체인지 마스터는 이렇게 행동한다

변혁에 대한 어프로치

변혁의 달인들은 어떻게 변화를 파악하고 창조하는가. 그 중요한 사항 몇 가지를 다음에서 살펴보자.

변화는 기회라고 생각하고 적극적으로 파악한다 *** 자신의 주위에서 일어나고 있는 변화를 항상 읽고 이해하며 이것을 비약의 기회라 생각한다. 보수적인 사람은 변화를 어떻게든 회피하려 하고 그때까지의 전통과 구조, 사고방식을 유지하려고 노력한다. 그들은 변화를 두려워하고 변화의 영향을 최소화하는데 급급하며 항상 안정을 바란다.

자신을 둘러싼 환경에 변화가 없고 안정되어 있을 때는 과감하게 변화를 일으키고자 한다. 그리고 변화를 발전의 출발점으로 한다 *** 조직, 시스템, 사업 영역, 시장, 인재, 기술, 물리적 조건, 정신적 측면 등 모든 면에서 변화를 일으키려고 한다. 다이내믹한 운영자 타입의 리더는 항상 변화를 좋아한다고 말할 수 있다.

누구나 그것이 무의식적인 것이라 해도 궁지에 몰리면 뭔가 변화를 일으키려고 노력하고 있는 것이다. 벽에 부딪칠 때, 무엇이든 변화시켜 보면 거기에서 새로운 활로를 발견하는 경우가 많다. 자신의 생활 속에서 무엇을 변화시키면 변혁이 일어날 것인지 잠깐 점검해 보기 바란다.

의미 있는 변화란 무엇인가를 잘 확인한다 *** 그 변화에 의해서 무엇을 달성하고자 하는가, 무엇을 달성할 수 있는가를 재고하게 된다. 아이디어에 의한 과감한 변화를 치밀한 검토 없이 자신이 있는 곳에서도 적용해 보자고 생각하고 시작하는 변화는 일반적으로 효과가 없다. 공통 목표와 공감할 수 있는 신념이나 목적이 뒷받침되는 변화를 일으켜야 한다.

변혁의 달인은 커뮤니케이션의 달인이기도 하다 *** 어떤 사람을 자신의 지지자로 만들어야 변화에 동참할 수 있는가를 잘 판단할 줄 안다. 또 매스컴을 이용하는데도 뛰어난 사람이 많다. 역사에 이름을 남긴 미국의 대통령들은 미디어를 잘 이용하여 자신의 신념을 호소하고 변화에 공감하는 지지자를 확대했다.

변화를 주도할 때는 과감하고 신속히 상황에 대처하고 강력한 리더십을 발휘한다 *** 변화를 주도할 때는 꾸물대지 않고 무리하다고 할 정도로 과감하게 나아간다. 물론 계획적으로 스텝을 밟아서 서서히 시간을 들여 나아가는 사람도 있다. 이 경우에는 인내심이 강한 리더십이 요구되게 되는데 포인트는 어떻게 변화를 실행할 것인가 하는 스케줄 제시와 실행 타이밍 읽기다.

변화의 성과 배분이 변화의 실행 계획에 들어 있다 *** 변화를 실행하여 실현한 경우에는 어떤 플러스 효과를 기대할 수 있는가를 잘 계산해 두고 성과가 올라간 경우에 참여자에게는 성과 분배를 공정하게 한다. 그것이 금전적인 것이 될 때도 있고 정신적인 것이 될 때도 있는데 변혁의 달인은 그 성과를 결코 독점하지 않는다.

체인지 마스터의 접근법을 활용한다 *** 변혁의 달인에게는
항상 '신중함', '계획성' '리더십' 이 작용하고 있으며 강력한
지지자 그룹이 존재하고 있다는 것을 강조해 둔다.

(72 리더십을 좌우하는 것은 선견력

행동의 방향을 정하는데 필수적인 미래 전망

창조형 기업가로 성공한 사람에게 공통적으로 보이는 특징 중의 하나는 항상 미래를 전망한다는 것이다. 미래는 어떻게 될 것인가, 현재의 산업, 정치, 사회는 어떻게 변해갈 것인가, 사람들은 어떻게 생활을 할 것인가, 기술은 어떤 변혁을 이룩해 갈 것인가, 사회를 움직이는 중심적 파워는 무엇인가 등에 그들은 강한 관심을 보인다.

창조형 기업가는 왜 미래에 큰 관심을 갖는가. 그것은 자신의 꿈을 실현하기 위해 현재의 행동 방향을 정하는데 있어서 미래에 대한 예측과 판단이 결정적일 수 있다는 것을 알고 있기 때문이다. 그리고 자신이 가지고 있는 자원을 최대한으로 활용하려고 생각하기 때문이다.

미래의 변화에 대한 예측을

전략적 발상에서 미래가 과거나 현재의 연장선에 있는 것이 아니라고 생각한다.

일반적인 발상에서는 과거에서 현재 그리고 미래로 일직선으로 연결되어 있으며 지금 일을 정확히 하고 있으면 미래도 안일하고 문제가 없다고 생각하는 경향이 있다. 매일 열심히 노력하고 있으면 미래도 현재와 마찬가지로 보장된다고 생각하고 미래에 일어날 변화를 의식하고 있지 않다. 그래서 매일 성실하고 꾸준히 일하는 것이 중요하다고 생각하는 것이다.

전략적 발상에서는 미래에 있는 것은 '변화' 뿐이라고 생각하고 현재의 행동 속에서 변화에 대응하는 것이 중요하다고 생각한다. 현재의 연장선에 미래는 없다. 현재와 미래는 불연속이다. 현상 유지의 활동을 계속하고 있으면 미래의 자신들의 존재는 보장되지 않는다. 그렇기 때문에 예측할 수 있는 변화에 대해 지금 뭔가 새로운 것을 해야 한다고 생각하는 것이다. 'ㅇㅇ전략'이라 일컫는 것은 과거와 다른 새로운 것을 발상하는 것이다. 이 미래를 예측할 수 있는 능력을 '선견력'이라고 한다.

73 예측 능력이 없으면 전략적 행동은 취할 수 없다

경영자에게 필수적인 예측 능력

전략적 발상을 하는 사람은 예측 능력을 갖는 것이 필요하다. 하지만 일반적으로 말하면 처음부터 예측을 하고 있는 사람이나 조직은 별로 없다. 기업이 경기 침체로 인해 힘들어하고 있을 때 이 상황을 미리 예측하여 행동한 경영자나 회사는 도대체 어느 정도 있을까.

기업가 대부분은 신기술의 개발이나 설비에는 큰돈을 아낌없이 투자하지만 예측하는 능력이나 구조를 갖추기 위한 비용을 아까워한다. 몇 십 명이나 되는 정예 이코노미스트를 두고 조직적, 과학적으로 미래 예측을 했다는 말을 들은 적이 없다. 일본의 경제학자나 싱크탱크 중에서 근래의 불황을 과감하게 예측하여 기업가에게 정확한 조언을 한 사람은 거의 없지 않은가.

매스컴은 연일 경기침체라고 보도하고 있지만 왜 물건이 팔리지 않는가를 잘 생각해 보면 그것은 지금의 상황을 예측하여 팔리는 상품 서비스를 개발하지 않았기 때문이다. 경기 후퇴기에는 어떤 상품이 요구되고 어떤 가격이면 팔리는가, 파는 방법은 무엇인가를 예측하여 그것을 위한 준비를 해 두었다면 지금도 매출은 떨어지지 않았을 것이다.

왜 과잉 투자가 일어나는가, 왜 설비가 남아도는가. 그것은 그 기업의 예측이 빗나갔기 때문이다. 과잉 설비가 발생하거나 물건이 팔리지 않게 되면 경영진은 흔히 기업 환경의 탓을 하는데 대부분의 경우 잘못된 생각이다. 기본적으로 경영자가 선견력을 발휘하지 못했기 때문이다.

일반적으로 전략적 발상이 결여된 경영자는 경기가 좋은 때는 언제까지나 호경기가 계속되는 것처럼 행동하고 불경기가 오면 항상 불경기가 계속되는 것처럼 행동한다.

수요 예측과 수요 창조

요즘 같은 시대에는 인구 예측과 기술 예측 이외에 확실한 미래 예측은 거의 불가능하다. 정확한 예측을 하려고 하면 예측이 끝났을 때 그 전제 조건이나 대상이 크게 변해서 예측 결과는 실제로 도움이 되지 않는 경우가 많다.

예측은 큰 흐름이나 방향, 영역, 변화를 포착하여 이해하고 이것을 이용하여 전략을 수립하는데 필수적이다. 하지만 완벽한 경제 예측이나 수요 예측은 불가능하다는 것을 인식해 둘 필요가 있다.

기업 활동에서는 수요 예측이 극히 중요하지만 수요 예측에 사로잡혀 신규 사업이나 신제품의 개발에 뒤쳐지는 경우가 흔히 있다. 완벽한 예측이 불가능할 때는 수요 예측보다 수요 창조에 중점을 두는 것이 중요하다.

필자는 '60퍼센트 방법'이라고 하는 개발 방법을 제안하고 있다. 그것은 계획하고 있는 프로젝트가 60퍼센트 정도 확실하다고 생각하면 그 계획을 추진한다. 그리고 진행 과정에서 여러 가지 의견, 정보를 수집하고 보다 확실한 것으로 완성시키면서 프로젝트를 달성하려고 하는 것으로 이 과정에서는 수요 창조의 접근법이 행해지게 된다.

　대부분의 사람은 제품에 대해 알고 나서 구입한다. 간단히 구입할 수 있는 방법을 개발하여 수요가 창조되는 예는 얼마든지 있다. 편의점의 도시락이나 주먹밥 등이 그 구체적인 사례이다. 또 소비자들을 가르침으로써 수요가 창조되는 것도 있다. 야마하의 음악교실은 악기의 수요를 창조한다.

　현대와 같이 공급 과잉 시대에는 수요 창조의 접근법이 특히 중요하다. 수요 창조에는 충족하지 못한 수요, 즉 '니치'를 찾아내서 고객의 욕구를 충족시킴으로써 수요를 창조하는 활동도 있다. 니치는 남들이 별로 진출하지 않은 틈새가 되어 있는 분야의 시장에서 자리를 구축하려는 마케팅 전략이다. 니치의 발견에는 전통이나 상식, 관습에 사로잡히지 않는 창조적 관점이나 발상이 필수적이며 사회 속의 큰 변동을 보고 그것을 기회로 포착하는 발상도 중요하다.

74 미래를 예측하기 위한 세 가지 방법

변화의 시나리오를 여러 개 써 둔다

대부분의 사람이 낙관적인 예측을 하고 있을 때 "버블이 곧 붕괴되고 위험이 다가오고 있다'는 사실을 말해도 그것은 믿고 받아들여지지 않는다. 대세에 반한 예측을 하려면 용기가 필요하다. 일본이 호경기로 들떠 있을 때 외국인이 쓴 「해는 다시 진다」, 「1992년의 공황」이라는 책이 출간되었다. 하지만 대부분의 사람은 그들의 견해를 부정하며 "일본의 경제는 그렇게 위험하지 않다"라고 말하고 있었다.

분명히 예측이라는 것은 빗나가는 일이 많다. 오히려 정확한 예측은 할 수 없는 것이다. 미래 예측은 어떻게 할 수 있는가.

첫째는 될 수 있는 한 정확한 예측을 하기 위해 여러 가지 분야에서 미래를 크게 파악하도록 하는 것이다. 그렇게 하기 위해서는 여러 가지 정보를 수집하여 여러 개의 예측을 해 둔다. 그리고 미래의 변화 시나리오를 여러 개 써 두는 것이다. 필자가 알고 있는 경영자는 '최상의 경우', '중간 정도의 경우' '최악의 경우'라는 식으로 세 가지 시나리오를 쓰고 있는데 그 정도는 예측해 두는 것이 좋다.

다음 수, 또 그 다음 수를 준비하여 예측하지 못한 사태에 대비한다

둘째는 격동기에 정확한 예측은 할 수 없다. 예측은 빗나가는 것이라는 기본 인식을 가져야 할 것이며 '다음 수', '또 그 다음 수'를 여러 개 준비해 두는 것이다. 하나의 예측하지 못한 것에 따라 행동하면 실패하는 경우도 있다. 그럴 때에 바로 다음 수를 쓰도록 사전에 준비해 두는 것이다. 이것은 일반적으로 백업 계획 또는 콘틴젠시(contingency) 플랜이라고 하는데 군대의 '예비군'을 상기하면 알 수 있다. 뜻밖의 일에 대비하여 사전에 다음 수, 또 그 다음 수를 정확히 준비해 두면 그것을 사용하지 않아도 되는 경우가 많아지는 것이다.

셋째는 예측하지 못한 사태를 생각하여 그 대응책을 정해 두는 것이다. 현대는 '불확실성 시대'라 일컫고 있듯이 예상도 하지 못했던 일이 잇따라 일어나고 있다. 베를린 장벽의 붕괴, 소련 연방 해체와 같은 역사적 사건이나 새로운 기술 혁신뿐만 아니라 대지진의 발생, 거래처의 도산, 경영자의 납치 등 기업 수준에서 생각해도 예측하지 못한 것은 많다. 그런 사태가 발생하면 어떤 행동을 취해야 할 것인가를 생각하고 대책을 세워두어야 한다.

(75 타인과 다른 것을 추구하는 창조형 리더

가까이 있는 사람에게 배우는 전략적 발상

전략적 발상법이나 관점을 배우려면 창조형 기업가의 발상법, 착안점, 행동 양식, 반응의 방법 등을 관찰하는 것이 좋다. 혹은 이 장의 서두에서도 설명한 바와 같이 능력있는 부장이나 정치가도 좋다. 그런 사람들에게 전략적 발상의 힌트를 얻을 수 있는 것이 대단히 많다.

그리고 의외로 가까운 곳에도 그 힌트를 주는 사람들이 있다. 그들은 중소기업의 경영자나 수완 있는 가게 주인, 지방의 정치가들이 될 수도 있다. 그들을 관찰해 보면 하나의 특징을 깨닫게 된다. 우선 그들이 다른 사람과 어디가 다른가 하는 것을 파악하는 것이 중요하다.

그들은 화법에 특징이 있다든가, 남과 다른 행동을 한다든가, 또 복장 등에도 색다른 데가 있다. 괴짜와 같은 행동을 하는 사람도 있는가 하면 글씨가 남다르다든가, 어딘가 색다른 취미를 가지고 있는 사람도 있다.

중소기업의 경영자가 아니라도 직장에도 그런 사람이 있을 것이다. 또 장인이나 스포츠맨, 예술가 중에서도 그런 사람이 있다. 취미활동을 하는 사람 중에서도 한 가지 재주가 뛰어난 사람이 있다. 그들은 남과는 어딘가 다르다. 그런 이유를 확인해 가면 남과 다른 발상을 하거나 다른 관점을 배울 수 있는 것이다.

주위 사람과의 차이를 찾을 것인가 똑같이 행동할 것인가

그러면 그들의 관점과 발상은 어떤 것인가. 그것은 타인과 다른 것을 하고 남과 같은 것은 하고 싶지 않다고 하는 것이다. 이미 누군가가 하고 있는 것은 피하고 자신만의 독자적인 것을 추구하려는 사고방식이다.

이런 사람들은 오기가 강하다. 다른 사람에게 지기 싫어하기 때문에 다른 사람보다 앞서 가려고 한다. 그리고 지지 않으려면 어떻게 하면 될 것인가를 항상 생각한다. 조금이라도 남보다 유리한 기회를 빨리 발견하여 그것을 이용할 수 없을까 하고 생각하거나 남보다 뛰어난 아이디어는 없을까 하고 생각한다. 그리고 뭔가 목표를 정했으면 남보다 많은 노력을 한다.

그들은 항상 뭔가와 비교하여 '차이'를 생각하고 있다. 항상 염두에 두는 것은 어떻게 남다른 것을 만들 수 있는가 라는 것이다. 창조형 기업가들은 항상 차이를 문제삼고 있다고 할 수 있다.

그러면 일반인은 어떤가. 보통 사람은 차이를 싫어한다. 가능하면 차이가 나지 않으려고 하고 남들과 똑같이 행동하려고 애쓴다. 우리들의 주변에는 이것을 단적으로 표현하는 말이 많이 있다. '모난 돌은 정 맞는다', '적신호도 모두 함께 건너면 두렵지 않다' 라는 말은 그 대표적인 것이다. 물론 외국에도 이런 격언은 얼마든지 있다. 예를 들면 '유유상종' 이라는 말도 있다.

(76 전례가 없는 것에 도전하자

차별화가 독창성을 낳는다

미국 사회는 '차이' 가 전제되는 사회로 미국인은 타인과의 차이를 만들기 위해 일한다. 그리고 보다 높은 임금을 주는 직장을 찾고, 보다 좋은 직업에 종사하려고 한다. 일본에서는 사장과 대졸 신입사원과의 임금 격차는 실질적으로는 6~7배 정도밖에 없지만 미국에서는 몇 십 배나 되는 것이 보통으로 대부분의 사람들은 그런 차이를 당연하게 생각한다. 그러나 일본에는 큰 차이가 나는 것을 좋지 않게 생각하는 풍조가 있다. 학교 교육에서도 마찬가지다. 모두 같은 수준에서 교육하며 영재 교육 제도는 일본에서는 좀처럼 받아들여지지 않는다.

전략적 발상의 기본은 차이가 나게 하는 것이고 될 수 있는 한큰 차이가 나게 하는 것이 중요하다. 큰 차이가 있으면 두드러지고 남들이 주목하게 된다. 이런 차이가 나게 하는 것을 '차별화' 라고 한다. 신제품 개발이나 새 점포 개설, 광고 제작에서는 차별화가 중요한 문제로 차별화한 신제품이나 새 점포가 성공하여 광고에서도 효과를 올리게 된다. 창조형 기업가의 발상과 행동이 독특하여 여러 가지 면에서 타인과는 어딘가 다른 것은 이런 점에 원인이 있다.

전략적 발상을 하기 위해서는 '남이 하고 있다면 나는 하지 않는다', '자신은 남이 하지 않는 것을 하자' 라는 발상을 하는 것이다. '비뚤어진 발상' 이라고 하는 사람도 있지만 독창성을 발휘하려면 남이 하지 않은 것을 하겠다고 하는 '내 길을 간다(Going my way)'는 식의 생활 태도가 필요한 것이다. 그러나 이것은 일본 사회에서는 피곤한 생활 태도다.

전략적 발상에는 유연성과 적응력이 필요하다

전 연합함대 참모 치하야 마사타카는 제2차 세계대전에서 일본 해군이 진 것은 전술 면에만 치중했기 때문이라고 지적하며 다음과 같이 말했다.

"원래 전략이란 대략적인 표현인데 어떤 면에서 작전을 수행하는 부대에게 싸우기 쉬운 환경을 만들어 주는 것이다. 전술은 평시에는 작용하지 않지만 전략은 평시부터 작용하고 있다. 전략은 정치, 경제, 과학 등과 유기적으로 관련되어 있으며 거기에는 공리는 존재하지 않는다. 전략에 종사하는 자에게 요구되는 최대의 요건은 군사 면뿐만 아니라 정치, 경제 등의 시시 각각의 변화와 진보에 대해서 신속하고 기민하게 대응할 수 있는 유연성과 적응력이다.

(77 긍정적인 자세가 변혁의 원동력

소극적 발상으로는 변화를 기회로 바꿀 수 없다

전략적 발상을 하는 기업가는 일반적으로 말해서 적극적이며 낙관적이다. 어떤 상황을 비관적으로 파악하지 않는다. 뭔가 사고가 일어나도 낙관적으로 그것을 받아들이고 적극적으로 이것을 활용하려고 한다.

말하자면 '쓰러져도 맨손으로 일어나지 않는다'는 정신이 풍부하다. 무슨 일이 생기면 그것을 기회라고 생각한다. 요컨대 '변화는 기회'라는 발상을 한다. 변화가 일어나면 이쪽에서 적극적으로 나설 정도의 마음가짐이 있으며 변화를 마다 하지 않는 것이다.

이런 적극적인 견해와 사고방식은 한 마디로 말하면 좋은 점과 강점을 중시한다는 것이다. 보통 사람은 어떤 단점과 결점, 문제점에 먼저 주목하는 경향이 있다. 예를 들면 회의에서 어떤 기획이나 아이디어가 제안되면 그 기획이나 아이디어의 문제점이나 결점을 찾아내서 그 기획이나 아이디어를 뭉개버리는 일이 대단히 많다.

약간 술 취한 샐러리맨이 밤늦게 지하철을 타고 가면서 나누는 대화에 귀 기울여보면 알 것이다. 누구 한 사람 상사나 동료를 칭찬하고 있는 사람은 없다.

좋은 점, 칭찬하고 싶은 점에 눈을 돌린다

필자는 전략적 발상을 주제로 한 세미나에서 전략적 발상에 의거하여 수립한 전략을 한 사람씩 그룹 앞에서 발표하도록 하고 있다.

그때 전원에게 '포지티브 시트'라고 명명한 코멘트 표를 배부하여 포지티브, 즉 적극적인 입장에서 코멘트 하도록 요구하고 있다. 이 포지티브 시트는 다음과 같은 항목이 들어 있다.

- 이 전략의 좋은 점, 칭찬하고 싶은 점
- 이 전략을 활용하기 위해 참고로 하였으면 하는 제안

이에 따라 그룹의 멤버는 발표자에 대해 코멘트를 하고 있는데 상당히 좋은 반응을 얻고 있다.

코멘트 하는 사람은 포지티브 시트에 따라서 발언하기 때문에 설명한 전략의 결점이나 문제점을 지적하지 않고 적극적인 발언을 한다. 그 결과 전략 그 자체가 점점 적극적인 성격을 띠게 되고 발표하는 사람도 뭔가 문제점이나 이상한 부분을 지적하는 것은 아닐까 하는 태도를 취하기도 하고 또 불안해질 필요 없이 느긋한 기분으로 전략을 발표할 수 있다. 또 전략 그 자체도 대담한 발상을 토대로 하여 의표를 찌르는 독창성을 가지게 하는 경우가 많다.

창조형 기업가는 기회를 눈앞에 두고 그 기회를 어떻게 하면 살릴 수 있을까, 어떻게 하면 보다 좋은 결과를 낳을 수 있을까 하고 생각하는 경향이 있다. 그러면 샐러리맨은 어떠한가. 우선 '그것은 왜 안 될까', '문제가 무엇인가'를 생각할 것이다. 그들의 관점은 소극적이며 방어적이다.

전략적 발상의 근원을 창조형 기업가의 발상에서 구할 수 있다는 것은 이런 샐러리맨의 태도와 비교해서 생각해 보면 알 수 있다. 그러면 여러분의 발상은 과연 어느 쪽에 속해 있을까.

자신이 하루에 몇 번이나 '할 수 없다'는 발언을 하는지 기록해 보자. 이것이 적을수록 긍정적인 인간이 된다. 또 남을 깎아 내린다든지, 생트집을 많이 잡는 사람은 긍정적인 발상이 결여된 면이 있다.

밝은 환경에서 풍족한 발상이 나온다

밝은 사무실 환경의 효과

전략적 발상에 대한 강의를 하다 보면 "아무리 해도 좋은 아이디어가 나오지 않는다. 발상이 빈곤하다. 어떻게 하면 좋은가"라는 질문을 받을 때가 있다.

아이디어나 발상을 하는 방법으로서는 여러 가지가 개발되고 있다. 브레인 스토밍법이나 KJ법, 수평적 사고 등 많은 것이 개발되고 있으며 책으로도 나와 있다. 이런 발상법의 활용도 좋지만 좋은 아이디어나 좋은 발상을 하는 데는 평소의 마음가짐이 크게 작용한다.

좋은 아이디어나 발상을 하는 데는 우선 밝은 분위기 속에서 생각하는 것이 좋다. 요컨대 적극적이고 유용한 아이디어는 밝은 분위기 속에서 나올 가능성이 높다. 어두운 분위기 속에서는 어둡고 소극적인 아이디어밖에 나오지 않으며 뭔가 무겁고 답답한 발상이 나올 가능성이 크다고 할 수 있다.

한 과학자가 이런 이야기를 한 적이 있다. "인간의 세포는 빛을 쬐면 활발하게 움직인다. 이른 봄이 되면 마음이 들뜬다거나 아침에 태양이 떠서 병실이 밝아지면 병자가 기운이 나기도 한다. 이것은 빛에 의해 인간의 세포가 활성화되기 때문이다. 빛이 없으면 세포의 증식은 시작되지 않는다."

구약성서 '창세기'의 처음 부분에도 '빛이 있어라'라는 말이 있다. 빛이 영혼의 근원이다. 이것은 꼭 인간에 한정된 것은 아니고 생물 전체에 대해 적용되는 것이며 식물의 경우를 생각해보면 보다 쉽게 알 수 있다. 빛이 있음으로써 비로소 식물은 증식한다.

세계 제일의 타이어메이커 굿이어의 아크론 연구소를 방문한 적이 있는데 거기에는 밝은 분위기가 넘치고 있었다. 입구는 큰 아나트륨으로 되어 있고 '이곳이 연구소인가' 하고 놀라게 한다. 연구원은 여기에 수시 찾아와서 여러 가지 아이디어를 낸다고 한다.

중요한 전략을 생각하는 장소에 이런 물리적인 배려가 결여되어 있는 곳이 많다. 본사의 전략적 발상을 하는 회의실이나 중역실에는 뭔가 무겁고 어두운 분위기가 있다. 좀더 밝은 분위기가 만들어져야 한다. 그런 이유에서인지 중요한 전략적 발상을 하기 위해 스태프나 중역진이 호텔이나 사외의 특별 연수 시설을 이용하는 경우도 많다.

큰 분위기에서 큰 발상이 나온다

전문 경영자가 큰 발상을 할 수 없는 이유 중의 하나는 큰 사무실이나 큰 집 같은 물리적 환경이 갖추어져 있지 않기 때문이라고 말하는 사람이 있다. 확실히 큰 분위기 속에서 자란 사람은 조그만 발상을 하지 않는다. 가난에 찌든 사람은 좀처럼 큰 발상을 하기 어렵다고 한다.

한 기업에서 신규 사업 개발을 하게 되어 요트 사업 분야에 진출하는 전략을 검토하게 되었다. 이 전략을 발상한 사원은 기획 부문에서 항상 무시당하고 있던 부잣집 도련님이다. 그는 요트를 소유하고 있었으며 풍족한 생활 환경 속에서 자랐다. 일반 사원은 물론 경영자도 관리직도 요트가 있는 생활은 체험한 적이 없었고 체험할 환경도, 여유도 가지고 있지 않았다. 요트 사업에 진출하는 전략은 상상도 할 수 없었다고 한다.

부잣집 도련님인 사원의 전략에는 깜짝 놀랐지만 부자가 아니면 그런 발상은 할 수 없다고 하는 푸념과 같은 야유가 나왔다. 큰 발상에는 그것을 이끌어내는 물리적인 배경이나 환경도 필요하다. 요트 사업은 버블 붕괴로 침체되어 있지만 그때까지는 성공의 가능성이 높은 사업 전략이었다.

79 리더는 선천적으로 성격이 밝아야 한다

밝은 성격이 부하의 창조력을 자극한다

발상을 많이 하거나 좋은 아이디어를 내는데 있어서는 정신적으로 밝은 것도 중요하다. 한 마디로 말하면 '선천적으로 성격이 어두운 사람' 으로부터는 좋은 발상이 좀처럼 나오지 않는다.

- 남의 조그만 결점도 꼬집는다
- 실패하지 않도록 조심한다
- 조그만 것이 쌓이고 쌓여서 좋은 결과를 낳는다
- 룰을 지키는 것을 중요하게 여긴다
- 꾸짖는 것을 지도하는 방법으로 여긴다
- 자기중심적 발상과 행동을 한다
- 항상 남의 결점을 화제로 삼는다

필자의 경험에서 말하면 성격이 밝은 부장이 있는 신제품 개발부는 성격이 어두운 부장이 있는 부서에 비해 좋은 신제품의 아이디어가 나오고 제안도 훨씬 많아지는 경향이 있다. 성격이 어두운 부장 밑에서는 부하의 신제품에 대한 제안이나 정보가 줄어버리는 것 같다. 성격이 어두운 부장, 성격이 어두운 과장에게는 부하가 다가오지 않는다.

선천적으로 성격이 어두운 상사 곁에 있으면 심리적으로 어두움을 느껴 머리가 맑아지지 않는다. 기분이 무거워져 아이디어를 내라고 하지만 낼 수 없게 된다.

항상 적극적으로 생각하는 습관

그러면 성격이 밝아지려면 어떻게 해야 하는가.

첫째는 항상 적극적으로 모든 것을 생각하는 것이다. 항상 어떻게 하면 그것을 할 수 있을까를 생각하고 할 수 없는 이유를 생각하지 않는다. 과거의 실패에 구애되거나 이것저것 걱정하지 않는다. 항상 낙관적이고 쾌활한 기분으로 활동한다. 이런 태도가 성격이 밝은 사람이 되는 것과 밀접한 관계가 있다.

항상 자신의 성격을 밝게 하거나 밝은 심리 상태를 유지하는 것은 간단하지 않을지 모르지만 노력함으로써 자기 자신의 성격이 밝은 쪽으로 전환시키는 것은 가능하다.

언젠가 미국의 경영자 연수회에 참석하고 놀란 일이 있다. '어떻게 유쾌한 기분이 되는가', '직장의 분위기를 밝게 하려면 어떻게 하면 될 것인가'라는 주제로 서로 진지하게 이야기하고 있었다. 그곳에서 제안한 방법 중의 하나는 무엇이든 좋으니 하루에 몇 번씩 웃으려고 노력한다는 것이다. 그밖에 될 수 있는 한 밝은 곳으로 갈 것, 밝은 색의 옷을 입거나 밝은 화제가 나오는 모임에 출석할 것, 밝은 사람과 교제하는 것 등도 있었다.

물론 성격이 밝기만 한 것으로 풍족한 전략적 발상을 할 수 있는 것은 아니다. 지금까지 설명한 여러 가지 접근법을 부가할 필요가 있다. 그러나 그 이상으로 물리적으로나 정신적으로 밝은 것이 좋은 아이디어, 발상을 탄생시키는데 있어서 큰 역할을 하는 것이다.

성격이 밝은 사람이 되기 위한 제안

밝은 사람과 함께 행동한다.

밝은 뉴스, 밝은 화제에 접한다.

적극적으로 산다. 인생 목표를 세운다.

밝은 분위기를 조성한다(꽃, 그림, 음악, 장식, 양복 등)

하루에 몇 번이고 웃는다.

창조형 리더의 인재 활용법

발상의 전환이 요구되는 앞으로의 인사 전략

80 치열한 경쟁 속에서 중요시되는 인재 활용 전략

관민 일치의 인재 육성이 일본을 경제 대국으로 만들었다

경영 자원 중에 '사람'은 가장 기본적이고 중요한 것이다. 사람이 있어야 다른 모든 자원이 의미가 있고 활용될 수 있다. 사람을 제대로 활용하지 않으면 다른 자원은 존재할 수 없고 활용되지도 않는다. 인적 자원의 질과 양, 특히 '질'이 조직의 발전 혹은 전략의 전개를 크게 좌우한다는 것은 설명을 필요로 하지 않는다.

일본이 전후 눈부신 부흥을 이룩하여 오늘날처럼 경제 대국으로 성장하게 된 것은 전쟁에서 잃어버리지 않았던 질 높은 인적 자원 때문이다. 전쟁으로 인하여 공장 설비는 파괴되고 자산도 고갈되었다. 천연 자원을 갖지 못한 일본에 남은 것은 질 높은 인적 자원뿐이었다. 수백만 명의 희생자가 생겼지만 그래도 우수한 인재는 남아 있었던 것이다.

전후 일본은 관민이 일치하여 남겨진 인적 자원, 즉 인재의 개발과 육성에 주력했다. 미국의 후원이 있었다고는 하지만 고등 교육의 보급이 눈부시게 이루어졌다. '에키벤 대학(철도역 도시락 대학이라는 뜻-역주)'이라고 야유의 말이 나올 정도로 전국 각지에

대학이 생겼다. 많은 시찰단과 조사단이 미국을 비롯한 모든 선진국에 파견되어 인재 육성에 주력했다.

한편 재계는 사원의 교육에 많은 투자를 계속했다. 오늘날에도 일본의 기업의 대부분은 사원 교육에 주력하고 있다 .

우수한 회사란 인재가 풍부하고 그 인재를 잘 활용하고 있는 회사를 말한다. 최근 기업의 활성화를 부르짖고 있는데 그 내용은 바로 인재의 활성화이다. 인재가 활성화되지 않으면 조직도 활성화되지 못한다.

아무리 자산이 있고 최신식 공정 설비를 갖추고 있어도 또 거기에 특별한 정보가 있다 해도 인재가 있고 그 인재가 활성화되어 있지 않으면 풍부한 자금도, 현대식 공장 설비도 활용하지 못하고 만다.

활발해지는 인재 획득 경쟁

최근 비즈니스맨이 가장 자주 입에 담는 말 중의 하나는 '창조력의 발휘' 다. 창조력은 신기술, 신제품의 개발에는 필수적이다.

창조력을 발휘하는 것은 기계나 장치가 아니라 사람이다. 창조력이 있는 인재가 없으면 신제품, 신기술의 개발은 불가능한 것이다.

전략적 발상에서는 자원을 최대한으로 활용하는 것이 요구되지만 그때의 결정적 수단은 역시 '사람' 에게 있다는 점을 최근 많은 기업이 깨닫기 시작했다. 그리고 지금은 인재 획득 경쟁이 대단히 치열해져 있다. 스카우트도 공공연하게 행해지며 전직도 흔히 볼 수 있게 되었다. 인재 육성을 위해 거액을 투자하여 해외 유학을 시키거나 연수에 주력하는 곳도 많다.

비즈니스 활동이 고도화하여 정보화가 진행되고 정보나 지식, 지혜가 중요하게 되면 될수록 보다 우수한 인재가 필요하게 된다. 따라서 앞으로의 기업 전략의 중추는 인재 개발과 인재 활용법이 되고 지금까지의 인사 관리에 큰 혁신이 있게 될 것이다.

장기적, 국제적으로 치열한 경쟁 속에서 기업이 생존해 나가기 위해 인재 활용을 기반으로 한 신 인재 전략이 중요한 기업 전략의 하나가 되었다.

(81) 미래는 인구 감소로 일하는 사람이 회사를 고르는 시대

인구 감소가 미치는 여러 가지 영향

21세기에 들어서 일본 기업이 직면하는 큰 문제 중의 하나는 인구의 감소다. 앞에서 설명한 바와 같이 출생률의 저하로 인해 일본의 총 인구는 2006년경에 최고조에 이르고 이후 감소한다고 한다.

"일본의 출생률이 이대로 계속 저하되면 수백 년 후에는 일본 열도에 일본인은 없어져버린다"라는 농담을 입에 담는 통계학자도 있다. 어쨌든 일본의 총인구가 곧 감소하기 시작한다는 데 일치된 견해를 보이고 있다.

미국의 저널리스트들 중에는 "일본의 시대도 20세기 말에 정지하고 인구 감소로 21세기 초에는 끝난다"라고 예언하는 사람도 있다. 인구 감소 문제는 앞으로의 일본의 경제, 경영에 있어서 극히 중대한 의미를 가지고 있다.

총인구의 감소로 인한 경제, 경영에 대한 영향은 의외로 빨리 온다. 우선 노동 인구의 총수는 5년 후부터 급격히 감소할 것이라고 추정하고 있다.

현재 버블 경제의 붕괴로 대부분의 회사는 사내 실업자를 안게 될 상황에 처해 있다. 그러나 젊은 사람 인구 감소는 명백하다. 다시 회사 발전 전략이 세워져서 그것을 실시하는 단계가 되면 인구 감소로 일손 부족 현상이 대두될 것이다. 특히 젊은층의 인재를 필요로 하는 산업 혹은 성장 산업에서는 인재 부족이 심각해진다. 그리고 경기가 회복되면 젊은 노동자, 특히 신규 대졸 채용 상황은 다시 수요가 공급을 상회하게 될 것이다. 특히 이공계와 특수 능력의 소유자에게는 그 경향이 강해진다.

인구 감소는 여러 가지 문제를 일으킨다. 베이비용품의 시장에는 이미 변화가 일어나고 있다. 다량의 상품을 소화하던 시장이 축소되면서 이제 질로 승부하는 것이 필요하게 되었다. 유치원의 원아 획득 경쟁은 훨씬 전부터 일어나고 있고 산부인과는 의료 비즈니스 중에서 비 성장, 정체 분야가 되어 있다. 결혼하는 사람이 매년 감소하고 있고 이른바 브라이들(bridal, 혼수) 시장도 축소하게 된다. 교육계에도 같은 현상이 일어나 일부 중학교, 고등학교, 전문대학에서 정원 미달 사태가 나타나고 있다.

새로운 고용 시장의 시대로

인구 감소는 일본의 역사 속에서 일본인 누구도 경험한 적이 없었던 현상이다. 근대에 와서 일본의 사회, 경제, 경영의 구조는 일본의 인구가 증대하고 노동 인구가 항상 공급 과잉이라는 것을 전제로 하여 만들어져 왔다. 일꾼은 항상 있다고 하는 사고방식이 우리들의 행동이나 생활 양식을 지배해 왔다고 할 수 있다. 그것이 지금 붕괴해 가고 있는 것이다.

앞으로 노동 시장은 인재들의 수요가 공급을 상회하는 시장이 된다는 것이다. 예외는 있겠지만 회사가 사람을 고르는 것이 아니라 일하는 사람이 회사를 고르게 된다. 그리고 이것이 원칙이 된다. 이제 수요가 공급을 상회하는 새로운 시대가 된다.

지금까지 사람의 채용이나 인사 관리는 말하자면 '고용해준다' 는 관계를 전제로 한 것이었다. 회사는 싫으면 그만둬라 → 다른 사람을 찾겠다 → 찾으면 있다. 취업하는 사람은 고용된다 → 일자리를 얻는다 → 달리 일이 없기 때문에 싫어도 참는다 라는 식이었다. 종신 고용제도나 연공서열이라는 일본 경영의 특징도 이런 것을 전제로 하고 있었다.

"최근의 젊은이는 걸핏하면 '회사를 그만둬버린다' 라는 소리를 한다"는 말을 인사 관계자들로부터 많이 듣게 된다. 이미 '일하는 측이 회사를 고르는' 상황이 생겨나고 있는 것이다. '전직' 이라는 말도 일상적으로 사용하게 되었고 '프리터(프리+아르바이트)' 라는 신조어도 등장하고 있다. 프리터 중에는 '일하고 싶지 않다', '일에 종사하고 싶지 않다' 라는 생각을 가지고 있는 사람도 많다. 일하는 사람 측에서도 의식의 변화가 일어나고 있는 것이다.

이런 새로운 시장의 시대에서는 인사 정책에도 전략적 발상이 필요하게 된다.

82 일하는 사람 입장에서 회사의 매력 만들기

앞으로의 인사 시책의 열쇠

앞으로는 인재를 채용하기 위한 경쟁이 심화된다. 될 수 있는 한 좋은 인재를 확보하고 생산성을 올려야 한다.

인재를 확보하기 위해서는 회사나 직장이 일하는 사람에게 매력적이어야 한다. 인재들은 자신에게 매력 있는 회사나 직장을 선택한다. 이 회사, 이 직장은 보다 '매력적' 인 것은 무엇인가를 생각하는 것이다.

앞으로의 인사 시책에 있어서 전략적 발상은 이 '매력 조성' 에 초점이 맞추어진다. 그 경우 타사와 같은 매력이나 타사에 뒤지지 않는다는 정도로는 안 되며 '최고의 매력', 즉 타사와 비교하여 확실히 그 차이를 인식시키는 것이 중요하게 된다.

지금까지 모든 인사 시책은 타사에 비교하여 손색이 없다거나 타사와 같다는 식으로 내용이 애매한 것이었지만 앞으로는 그렇게 되지는 않는다. 특별한 차이가 없으면 '매력' 으로 받아들이지 않게 된다.

학생의 마음을 사로잡은 한 중견 기업의 채용 활동

우수한 인재를 확보하기 위해서는 어떤 방법이 있는가. 필자가 살펴본 대졸자의 리크루트 활동을 소개해 보자. 한 중견 기업에서는 채용에 응한 사람을 입사 전 1개월 동안 해외 연수를 시킨다. 비용은 전액을 회사기 부담하고 초임은 같은 업종의 타사보다 5

만 엔이 많다. 그리고 1인용 임대 맨션을 대여해 준다. 3년에 한 번은 해외연수를 하여 능력 있는 사람은 10년 안에 과장으로 승진시킨다. 보너스는 연간 월급의 6개월분이지만 그밖에 이익이 오르면 그 3분의 1을 보너스로서 재분배한다. 이런 조건을 학생들에게 제시한 것이다.

이런 아이디어를 낸 사람은 사장 자신이었다. 사장이 면접하여 즉석에서 결정했다. 게다가 사장이 자신의 경영 방침을 열심히 설명하고 인사 시책도 서면으로 학생에게 배부해 주었다. 물론 업적의 부침이나 사회 변화에 대응해서 부득이 인사 시책을 변경하게 되는 경우도 있는데 인사 시책에서 확실한 차별화가 회사의 기본 방식이라고 사장은 역설하고 있었다. 그래서 어떤 결과가 나타났는가. 일류 기업으로 내정되어 있던 몇 사람이 이 중견 기업에 응모한 것이다. 사장은 자신의 눈으로 보고 자신의 판단으로 제일 좋다고 생각하는 인재를 채용했다. 이 사장의 말로는 "이제 우리 회사에서는 인재 부족의 문제는 없다"고 자신하고 있다.

앞으로의 경쟁은 직원의 수로서가 아니라 '인재의 차이'로 정해진다. 따라서 전략적 발상을 통한 인재 획득 경쟁에 나서야 한다.

(83 창조형 기업가는 사람 움직이는 천재

사람이 가지고 있는 능력을 철저히 이끌어낸다

창조형 기업가의 특징 중의 하나는 사람을 활용하는 방법이 능숙하다는 것이다. 그 방법은 사람에 따라 다르다. 저 사람은 '꾸짖는 법이 능숙하다', '무서운 사람' 이라든가 '양보와 엄격함의 양면책을 터득하고 있다', '접근하기 어려운 면도 있었지만 친밀감을 가질 수 있었다', '아버지 같았다' 등등. 사람들은 자신이 모시는 상사에 대해서 여러 가지로 코멘트한다.

물론 일의 방법이나 사고방식으로 상사와 충돌하여 직장을 떠난 사람들은 자기 상사에 대해 당연히 비판적이 된다. 그러나 창조형 기업가를 장기간 모신 사람은 여러 가지 예를 인용하여 이구동성으로 '사람 움직이는 능력'을 칭찬한다.

창조형 기업가가 사람 활용하는 천재라고 말하는 것은 창업기에 부득이 사람을 잘 활용할 필요가 있었기 때문이기도 하다. 한 창조형 기업가에게 "당신의 회사에는 일류 대학 출신 기술자가 없군요. 별로 이름이 알려지지 않은 대학을 나온 기술자가 많은 것 같습니다"라고 말했더니 그는 이렇게 대답했다. "맞습니다. 회사를 설립했을 때는 아무리 부탁을 해도 일류 대학 출신의 기술자는 와 주지 않았습니다. 이류, 삼류 대학에서도 기술계 학생은 좀처럼 와 주지 않았습니다. 때문에 우리 회사에는 이름이 알려지지 않은 지방 대학 출신의 기술자가 많습니다."

"나는 이런 사람들이 가지고 있는 지식이나 기술을 2배, 3배로 활용해 준다면 일류 대학 출신의 기술자에게 지지 않을 것이고 그 이상의 성과를 올려 줄 것이라고 생각했습니다. 그리고 지방의 이름 없는 대학 출신자들 중에도 우수한 사람이 많이 있다는 것도 발견했습니다. 그래서 나는 이런 사람을 소중히 하여 일할 수 있도록 배려한 것입니다. 기쁘게 일하고, 능력을 발휘하고, 능력을 연마하게 하려면 어떻게 하면 좋을까 하고 생각하여 그것을 실행한 겁니다."

전략적 발상법에 의거한 인재 활용

창조형 기업가는 창업기에 직원 모집에 고심한다. 이름도 없고 사업 기반이 아직 약한 회사에 인재는 좀처럼 모여 들지 않는다. 사람 모집에 고심하게 되고 인재가 다른 곳으로 가지 않도록 잡는 것에도 신경쓰게 된다. 인재 활용에 대해서 의식적이든 무의식적이든 매일의 일과 속에 반영하게 된다.

그러면 창조형 기업가에게 공통된 '사람의 활용법'이란 어떤 것일까. 한 마디로 말하면 그것은 '전략적 발상법에 의거한 사람 활용법'이라 할 수 있다. 즉 포인트를 잘 포착하여 인재를 활용하고 적극적으로 일하게 하는 것이다. 그것이 "우리 사장은 사람 대하는 법이 거칠지만 사람 활용법이 능숙했다"라는 말을 하게 하면서 가지고 있는 능력을 2배, 3배 발휘하게 한다.

(84 사람의 마음을 이끌어내는 방법

꾸짖기보다 좋은 점을 찾아 칭찬한다

앞에서 설명한 창조형 기업가의 '사람 활용법'이란 어떤 것일까. 핵심 포인트는 다음과 같은 것이다.

첫째는 사람을 칭찬하는 것이 능숙하다. 사람을 칭찬하는데 사람 활용법의 주안점을 두고 있는 것이다.

일반적으로 일본 회사에서 사람 활용법의 주안점은 '사람을 꾸짖는다'는 점에 두고 있다. 사람을 꾸짖는다는 것은 그 사람의 결점이나 업무상의 실수, 서투른 점을 나무라고 그것을 시정하게 하려는 것이다. 거기에는 엄한 감시의 눈이 번쩍이게 될 것이며 실수하면 처벌받는 경우도 있다.

꾸짖는 것이 인사 관리의 중심에 놓여져 있으며 엄하고 잘 꾸짖는 상사가 능력 있는 리더라고 생각하는 경우가 있다. 그래서 우리들은 취임이나 전근 인사할 때 '아무쪼록 질타를 아끼지 마시고……', '지도 편달을 바랍니다' 라는 표현을 사용하는 것이다.

그러면 정말로 사람을 잘 움직이는 사람은 어떤 사람인가. 창조형 기업가는 어떻게 하는가. 물론 엄할 때도 있다. 그러나 일반적으로 그 사람의 장점을 인정하고 그것을 좀더 발휘하도록 하며 그 점을 우선 '칭찬' 하는 것이다. 업적이 오르면 칭찬하고 그에 대해 적극적으로 평가하여 보답한다.

뛰어난 지휘관은 전쟁터에서 공적이 있는 부하에 대해 바로 칭찬하여 '포상'을 한다. 부하의 좋은 점을 발견하여 그것을 신장시켜 활용한다. 제안이 있으면 그 제안의 좋은 점에 착안하여 어떻게 하면 실현할 수 있을까 생각한다. 그리고 그 장점과 업적을 적극적으로 평가한다. 필자는 이런 방법을 '포지티브 어프로치'라고 부르고 있는데 이것은 전략적인 인재 활용법이며 사람들의 하고자 하는 마음을 북돋아 주게 한다.

물론 그에는 사람 보는 눈, 사람을 평가하는 능력이 필요하게 된다. 평가할 때 적극적인 면을 보려고 할 것인가, 마이너스 면을 보려고 하는가, 이것이 사람을 활용하는 갈림길이 된다.

적재 적소의 룰을 철저히 지키게 한다

둘째는 적재 적소에 인재를 배치하는 것이다. 이것은 잘 알려진 룰이긴 하지만 이 기본 룰이 잘 활용되지 않고 있다.

창조형 기업가는 무의식적이든, 의식적이든 이 점을 대단히 중시한다. 적극적인 면을 활용하기 위해 그 사람에게 맞는 직무를 맡긴다. 또 중요한 업무를 수행하는데 있어서 꼭 필요한 능력을 갖춘 사람을 찾는다. 그리고 그 사람을 중용한다. 사내에 적당한 사람이 없으면 사외에서 찾아 올 것이고 스카우트도 마다 하지 않는다.

때문에 창업기의 인재는 대체로 스카우트형이며 뛰어난 인재가 많고 때로는 혼성 부대처럼 구성되어 있다. 사람을 채용하기는 어렵고 실패해서는 안 되기 때문에 창조형 기업가는 자연히 '사람 보는 눈', '인재를 꿰뚫어보는 센스'를 익히게 된다.

창업기가 지나서 회사의 기반도 다져지고 전문 경영인이 회사 운영에 종사하게 되면 차츰 무난한 인사 관리를 하게 되고 적재

적소의 룰은 희박해진다. 스카우트 인사는 그림자를 감추고 사내 등용이 중심이 되어 적재의 폭은 좁아지게 된다. 말할 것도 없이 적재에는 적소가 필요하다. 적소가 없으면 인재는 자기 능력을 발휘하지 못하고 매장되어 버린다.

기업가는 항상 새로운 사업을 기획한다. 그 때문에 어떤 기능이 필요하고 어떤 인재가 적재인가에 대해 항상 눈을 돌리고 마음 쓰고 있다.

(85 리더의 꿈과 낭만이 사람을 움직인다

사람 잘 움직이는 리더가 조직을 활성화시킨다

사람 활용법이 능숙한 사람이 팀 리더로 있는 조직에서는 사람들이 활기가 넘친다.

세세한 지시가 없더라도 정해진 방침의 테두리 내에서 스스로 판단하여 일을 처리해 나가는 것이다.

이것은 인원이 적은 팀에서나 대규모의 조직에서도 마찬가지로 조직의 활성화는 그 팀 혹은 조직의 리더에게 사람을 활용하는 법이 능숙한 사람이 있는가 여부에 따라 결정된다고 할 수 있다. 사람 활용법이 서투른 사람이 리더로 있는 팀이나 조직은 활성화되지 못하고 생산성이 저하되어 버려서 경쟁력을 상실하고 때로는 팀이나 조직이 없어지는 경우도 있다.

사람 활용법이 능숙한 사람의 특징은 거기에 전략적 발상이 있다는 것이다. 그 포인트는 앞의 절에서 설명했듯이 그 업무를 수행하는 의미를 잘 알게 하고 일하고자 하는 마음이 생기게 하는 것이다. 그것은 창조형 기업가가 사람 모으는 데서 단적으로 볼 수 있다.

사업을 일으키고 업무를 수행하기 위해 동료를 모집할 때 혹은 사업을 추진하기 위해 필요한 인재를 모집할 때 그들은 이렇게 호소한다. "나는 이런 사업을 이런 목적으로 수행하려 하고 있다. 그 사업의 수행에 여러분도 참여하여 솜씨를 발휘하지 않겠는가", "뜻 있는 제품을 만들어 세상을 놀라게 하자", "누구에게도 지지 않는 제품을 만들자"라고 호소하여 사람을 모집한 사람은 리코의 창업자 이치무라 키요시, 혼다의 창업자 혼다 소이치로오, 브리지스턴의 창업자 이시바시 쇼오지로오 등이다.

이런 창업자들은 국가적, 사회적으로 의미있는 목적을 제시하는 경우가 많다. 그리고 호소하는 내용에서 남자의 낭만을 느낄 수 있다. 막연하지만 그 낭만의 실현에 참여해 보고 싶다는 마음을 부추기는 뭔가가 있다. 그의 낭만에 마음이 움직여 자신도 거기서 낭만을 마음으로 느끼는 것이다.

꿈이 없는 회사에는 인재가 모이지 않는다

대부분의 사람은 '꿈'을 추구하며 살고 있다. 그리고 꿈을 동경한다. 때문에 매력적인 꿈이 나타나면 사람은 그에 공감하여 일하는 것이다. 꿈의 실현에서 사람은 만족감을 얻는다. 사람이 일에 감동하는 것은 성취감이 있기 때문이다.

전략적 발상을 하는 사람은 이것을 잘 알고 있기 때문에 스스로 꿈을 그리고 그 실현을 위해 노력하는 것이다. 때문에 사람에게 꿈을 말할 수 있고 공감을 얻을 수도 있는 것이다.

직장에서는 일에서 자신의 꿈을 뜨겁게 말하는 사람, 또 그것을 잘 표현하여 전달할 수 있는 리더 밑에 사람이 모이고 함께 일하고 싶다고 느끼게 된다. 거기서는 대부분의 경우 사람들이 자신의 의사로 적극적으로 업무에 임하고 창의적인 연구도 하게 된다.

꿈이란 바꿔 말하면 함께 일하는 사람들이 공감하고 참여하여 목표 달성을 향한 사명감까지도 마음으로 느끼게 하는 것이어야 한다. 따라서 꿈이라고 해서 막연한 것이 아니라 구체적인 내용이 수반되어 있는 것이 중요하다.

창조형 기업가가 드는 꿈에는 사람을 매료하는 데가 있고 사람을 강하게 끌어들인다. 꿈이 없는 회사, 꿈이 없는 직장에는 인재는 모이지 않는다.

(86 신뢰받는 평가에 의거한 능력주의의 도입

능력주의에 의거한 '차별화' 인사

창조형 기업가들의 사람 활용법의 특징으로 능력주의가 있다. 그들은 연공서열에 의한 평등한 인사를 환영하지 않는다. 사람의 평가는 그 사람의 능력과 업적에 의해서 이루어져야 한다고 생각하고 미적지근한 인사나 처우를 싫어한다. 신상필벌을 입에 담고 '차별적'인 대우를 주장한다.

'차별화' 인사에서는 특정한 사람을 발탁하여 특별히 처우한다. 유능한 사람이나 업적을 올린 사람에게는 과감한 금액의 보너스를 주거나 승진시키거나 한다. 그것은 비즈니스 사회의 상식 수준을 초월하는 것으로 이른바 '최고의' 대우를 하는 것이다. 약진하고 있는 중소기업에서 전략적 발상을 하는 경영자가 있는 경우에 이런 경향을 볼 수 있다.

필자가 알고 있는 중견 기업에서는 유능한 인재라면 대졸로 입사 5~6년으로 과장으로 임명되거나 업적을 올리면 보통 보너스에 특별히 100만 엔을 플러스하는 대우를 하고 있다. 업무 평정은 경영자 스스로 행한다. 이 평가에 의해서 몇 사람의 스타급 사원이 탄생하게 되며 사원들은 자신도 능력을 발휘하여 업적을 올려 스타급 사원이 되고자 분발한다. 한편 최고로 대우받은 스타급 사원은 큰 의욕과 투지로써 활동하게 된다.

사정자의 '안목'

그러나 이런 차별적 인사나 처우는 자주 문제를 일으킨다. 이 발상에 의거하여 평가를 한번 잘못하면 일부 사람들의 원한을 사게 되며 부하나 동료, 사원 전체에 불평을 낳고 조직은 흔들리게 된다. 옛날 장군 중에 오다 노부나가처럼 평가를 잘못해서 가신의 반감을 사서 살해되는 예도 적지 않다.

따라서 전략적 발상에 의거하여 차별적 대우를 할 때는 사람의 평가를 공정하게 하는 것이 중요하다. 그런데 공정성을 너무 극단적으로 추구하면 어느새 차별이 없는 인사가 행해지게도 된다. 필요한 것은 사정하는 사람의 사람을 꿰뚫어 보는 눈, 객관적인 판단력이며 '저 사람의 평가라면' 하는 주위 사람들의 신뢰감을 얻을 수 있어야 한다.

다시 말하면 개인적인 감정을 버리고 그 행동, 업적을 확인하는 '안목' 을 가진 사람이 사정을 하지 않는 한 차별적 대우는 실패할 수 있다.

전략적 발상에 의거한 인사에는 사정자의 '안목' 이 중요하다.

오규 소라이의 인재 활용법

에도 중기의 유학자 오규 소라이는 '소라이 훈' 속에 다음과 같은 것을 지적하고 있다.

1 사람의 장점을 처음부터 모르면 채용해서는 안 된다.

2 사람은 그 장점만 취하면 되는 것이며 단점은 필요가 없다.

3 자신의 취향에 맞는 사람만을 사용하지 말라.

4 조그만 과오를 비난할 필요 없다. 다만 일을 소중히 하면 된다.

5 사람을 활용하는 이상 그 일을 충분히 맡겨라.

6 위에 있는 자, 아래 있는 자와 재능과 지혜를 다투지 말라.

7 인재는 반드시 버릇 하나는 있다. 기재가 되기 때문에. 버릇을 버려서는 안 된다.

8 이렇게 하여 잘 사용하면 일에 적절하며 시기에 응할 만한 인물은 반드시 여기에 있다.

87 인재 활용에 대한 사내의 실태를 확인한다

인재 부족인가 아니면 활용되고 있지 않은가

회사가 내거는 목표나 이념이 매력적이고 일하는 사람이 공감할 수 있는 것이라면 사람을 끌어들인다. 목표나 이념에 공감하여 그 밑에서 함께 일하고 싶다고 생각하고 사람은 모여든다.

그러면 자신의 회사에서도 전략적 발상으로 인사 전략을 재구축해 보고 인재 활용의 방법이나 접근법을 전략적으로 그려보자. 하지만 그 전에 우선 착안해야 할 것이 있다. 그것은 어떤 인재가 어디서, 언제, 무엇 때문에, 어느 정도 기간이 걸리고 필요한 것인가를 잘 확인하는 것이다.

다시 말하면 자사의 내부를 잘 들여다 보아야 한다. 그것도 단순히 책상 위에서의 조사가 아니라 현장에서 조사해 보면 좋다. 이것을 철저히 하면 인원 부족의 문제도 실은 인재가 활용되고 있지 않기 때문이며 인재 부족이 다른 문제, 즉 매니지먼트의 방법이나 공정, 구조, 설계, 환경 등에 원인이 있는 경우가 많다.

단적인 표현으로 인재 부족 문제는 대부분 경영의 내부에 존재하는 문제를 해결하면 해소되는 경우가 많다.

현장 파악을 철저히 하는 인재 활용

미국에서 간호사 부족이 대단히 심각한 문제가 된 때가 있었다. 그런데 병원 내 업무 실태를 조사하면서 간호사가 부족한 것이 아니라 간호사의 활용법에 문제가 있었다는 것을 알게 되었다. 간호사가 대학에서 배운 것을 충분히 활용하고 있지 않다는 것을 알게 된 것이다. 요컨대 간호사가 가지고 있는 전문 지식이나 기능을 필요로 하지 않는 일로 30~40퍼센트를 사용하고 있었던 것이다.

이것은 극히 단순한 표현을 하면 간호사가 하고 있는 잡무를 다른 일력으로 대체하면 간호사 부족의 30~40퍼센트를 바로 해결할 수 있는 것이다.

마찬가지로 연구소의 과학자나 기술자의 부족이 문제가 된 일도 있었다. 간호사의 케이스와 마찬가지로 실지 조사하였더니 과학자나 기술자가 연구소에서 본래 행해야 할 것을 하지 않고 스스로 시험관을 세척하거나 창고에 실험용 재료를 찾으러 가거나 하는, 이른바 잡일 때문에 상당한 시간을 할애하고 있었던 것이다. 이런 일은 용역을 주거나 시스템이나 장비를 활용하면 간단히 해결할 수 있는 것이다.

88 일이나 직장의 개선에서 인재 활용이 시작된다

일의 기본을 연구하면 인재 활용이 향상한다

한 주류 도매상에서는 배달 루트나 순서를 변경하자 배달 시간이 전보다 절약되었을 뿐만 아니라 배달 업무가 편해지거나 인재 활용이 향상되었다고 한다. 공장이나 사무실의 레이아웃을 변경함으로써 업무의 흐름이 변하고 인재의 활용이 향상되기도 한다 (불필요한 인원을 제거할 수도 있다).

권한을 대폭적으로 위임하여 자기 관리를 하도록 하였기 때문에 서류 작성량이 감소되었을 뿐만 아니라 회의나 협의 시간이 감소되었다고 하는 이야기도 많이 듣는다. 직원들 중에는 매일 근무 시간의 20퍼센트 이상을 회의나 협의에 사용하고 있는 사람이 많이 있다. 그 시간을 줄이면 그만큼 업무 효율화가 촉진되어 인재 활용이 행해져서 일손 부족도 해소하게 될 것이다.

또 품질이 좋은 상품을 취급하게 되면 고객의 고충 처리에 요하는 시간이 감소되고 창구 담당자의 수가 절반으로도 해결할 수 있게 되었을 뿐만 아니라 그로 인해 즐거운 직장이 되었다고 하는 리포트도 있다.

공장에서는 제품의 제조 프로세스를 변경함으로써 해결한 경우도 있다. 제품의 제조 방법을 고치거나 단순한 반복 작업을 적게 하는 연구도 중요하다.

기본적인 업무에 관계되는 것을 조사하여 개선과 개량을 하면 코스트 다운을 도모할 수 있을 뿐만 아니라 인재 활용이 향상되어 매력 있는 직장 조성과 새로운 인재를 끌어들이는 효과도 생긴다.

인재 활용의 결정적 수단은 경영의 내부에 있다

이런 기본적인 것을 조사하여 업무 구조나 대상, 환경을 개선하기 위한 코스트는 잘 계산해 보면 충분히 채산성에 맞출 수 있는 것이며 더구나 덤까지 손에 넣을 수 있다.

사원 모집을 할 때 상당히 많은 비용이 든다. 사원 모집 광고는 1회에 300만 엔, 400만 엔 하는 경우가 있다. 그러나 광고를 보고 응모하는 사람은 의외로 적다.

비싼 돈을 들여서 인사 모집 광고를 내도 응모해 오는 인원은 극히 한정되어 있다. 게다가 모집하는데 드는 비용은 광고비만이 아니다. 모집 담당자를 두어야 하고 신인을 훈련하는 여러 가지 코스트를 전부 생각하면 직장의 개선에 돈을 투입하는 것이 훨씬 채산성에 맞는다. 일하기 쉬운 직장, 편한 작업장이라는 평판이 나면 인재 확보도 용이하게 되는 것이다.

인재 확보를 위해 노력하고 있는 회사에서 모집을 위해 지출하고 있는 직, 간접비용을 계산해 보면 알 것이다. 상당한 액수가 되어 있을 것이다. 그 비용의 절반이라도 조사와 개선에 투입한다면 더 많은 효과를 얻을 수도 있을 것이다.

일손 부족 시대의 인사 전략으로 플렉스타임제(flextime, 자유 근무 시간제, 변동 노동 시간제)의 도입이나 장기 기분 전환 휴가, 연봉 계약 제도 등 여러 가지가 있다. 또 기업 이미지를 올리기 위한 광고를 자주 하며 인재를 끌어들이는데 주력하는 회사도 증가하고 있다.

최근에 '기본으로 돌아가라'는 말이 다시 힘을 얻고 있다. '고객의 만족도'를 향상시키려면 '종업원 만족도'를 향상시켜야 한다. 우선 기업 경영의 내부를 재확인할 필요성이 있다. 전략적 발상의 기초는 일 그 자체, 직장 그 자체를 재고하여 개선하고 인재를 활용하는 것으로부터 시작해야 할 것이다.

인재 활용의 결정적 수단은 경영의 내부에 있다고 하는 발상이 필요하다. 뜻밖에도 인재가 활용되지 않고 그 때문에 일손이 남아 있는지도 모른다.